GREENS

Deliciosas recetas para comer verdura con cada comida

Título original
Greens 24/7. Delicious Recipes for Green Veg at Every Meal

Traducción
Gemma Fors

Diseño del interior y de la cubierta
Lucy Parissi

Este libro contiene las opiniones e ideas de su autora. Pretende ofrecer material útil e informativo sobre los temas tratados. Se vende con el entendimiento de que ni la autora ni la editorial se proponen ofrecer servicios médicos, de salud ni de cualquier otra índole mediante el libro. La autora y la editorial específicamente declinan toda responsabilidad por daños, pérdida o riesgos –personales o de otro tipo– en que se incurra como consecuencia, directa o indirecta, del uso y aplicación de cualquier parte del contenido del libro.

La edición original de esta obra ha sido publicada en el Reino Unido en 2014 por Apple Press, sello editorial de Quantum Publibishing Limited.

Diagonal, 402 – 08037 Barcelona
www.cincotintas.com

Producción editorial: Kerry Enzor
Edición del proyecto: Sam Kennedy
Edición: Rachel Malig
Diseño: Lucy Parissi
Fotografía: Jackie Sobon
Dirección de producción: Rohana Yusof

Impreso en China
Código IBIC: WBJ

ISBN 978-84-16407-05-7

GREENS

Deliciosas recetas para comer verdura con cada comida

JESSICA NADEL

CONTENIDOS

INTRODUCCIÓN

SU MADRE TENÍA MUCHA RAZÓN AL INSISTIR PARA QUE SE ACABASE USTED LAS VERDURAS. Las hortalizas están repletas de vitaminas, minerales, antioxidantes y otros nutrientes esenciales. Llevan mucha clorofila, son alcalinizantes y favorecen la desintoxicación natural. También se ha demostrado que contribuyen a reducir el riesgo de numerosos problemas de salud, como la diabetes, la obesidad e incluso el cáncer.

Antes de ser vegana, no siempre tomaba demasiada verdura. De hecho, como muchos niños, debo decir que las hortalizas de hoja verde seguramente se contaban entre mis verduras menos preferidas. Camuflada bajo una buena cantidad de la salsa de queso de mi madre, conseguía comerme un plato de brócoli, y empezaron a gustarme las ensaladas. A partir de entonces, algo cambió. Comencé a cocinar cuando salíamos de excursión en canoa durante las colonias de verano y enseguida me di cuenta de que me encantaba. Más tarde, cuando hacía la compra y cocinaba en la universidad, al explorar los mercados de agricultores, fui diversificando y probando más hortalizas.

Mi gran afición por las verduras llegó unos años después, cuando me apunté al servicio de reparto de una comunidad agrícola local. Descubrí variedades vegetales nuevas para mí, y aprendí a ser creativa al prepararlas. A partir de entonces, me enganché.

Con devoción por la cocina y pasión por los deliciosos productos integrales hortícolas, me adentré en el mundo vegetal. La verdura de hoja y muchas otras verduras no sólo son los alimentos más nutritivos que existen, sino que además son muy versátiles. Los batidos de hortalizas se convierten en un estilo de vida en cuanto se incluyen en la dieta. Se elaboran increíbles platos de pasta a partir de la cosecha abundante de calabacín, y en cuanto a la col verde… bueno, se ha convertido en objeto de culto a lo largo de los últimos años. Ahora me parece, cuando fisgo en los cestos de la compra ajenos (¡no diga que no hace usted lo propio!), que todo el mundo los llena de verdura.

En la actualidad, resulta difícil pasear por un mercado de agricultores, un puesto de hortalizas o cualquier tienda de fruta y verdura, sin percatarse de la enorme variedad de vegetales existente: toda clase de preparados para ensaladas, lechugas, brotes, col verde, acelgas, calabacín, etcétera. Con una tendencia cada vez mayor hacia la alimentación sana, las hortalizas marcan sin lugar a dudas el camino a seguir. Aun así, muchas personas sólo consumen una, tal vez dos, raciones de fruta y verdura al día, que se limitan a una ensalada o un acompañamiento.

La premisa del presente libro es simple: es posible comer y, más importante todavía, disfrutar de más verduras de hoja y otras variedades de hortalizas. Se acabó el aburrimiento de comer col y brócoli hervidos todos los días. Le enseñaré a incorporar las hortalizas a diario con platos fáciles de preparar para que los disfrute toda la familia, independientemente de la hora o la ocasión. Tanto si se trata del desayuno, el almuerzo o la cena, el café del domingo con amigos o una celebración familiar, tengo la receta. En *Greens* también encontrará los viejos y tradicionales platos favoritos elaborados con espinacas, col verde y acelgas, pero espero que el libro también despierte su pasión por otras verduras menos conocidas. Las recetas que hallará en estas páginas son veganas, deliciosas, y comprobará que muchas son, además, sin gluten.

De modo que, tanto si busca usted platos sanos elaborados con ingredientes integrales y deliciosos, como si meramente aspira a incluir en la dieta tantas verduras como pueda, este libro representará un recurso muy valioso en su cocina. Salga de su zona de confort y adéntrese en este libro para comprobar lo fáciles y apetitosas que son estas sanas recetas. Disfrute, de veras, de un bizcocho con verduras.

Cualquiera, en cualquier momento, a cualquier hora del día –literalmente, a todas horas– puede disfrutar de los vegetales. Así pues, ¡buen provecho!

Jess

FICHAS DE HORTALIZAS

Familiarícese con las verduras que aparecen en el presente libro. Hay tantas que he optado por centrarme en las más fáciles de comprar y en las que se emplean en varias recetas.

COL VERDE

La col verde o rizada es sin duda un superalimento. Contiene una buena cantidad de vitaminas A, C y K, y es rica en fibra y proteínas. Y eso no es todo: también posee propiedades antiinflamatorias, es una buena fuente de calcio y resulta fácil de cultivar en casa. Con todas estas grandes cualidades, no le sorprenderá que este libro incluya unas cuantas recetas que ponen en el candelero esta verdura de hoja.

DATO VERDE: Gramo por gramo, la col verde contiene 17 veces más vitamina C que las zanahorias.

DESAYUNO: Batido de cerezas y col verde (p. 24)

ALMUERZO: Ensalada Waldorf de col verde con vinagreta Astoria de aguacate (p. 97)

TENTEMPIÉ: Chips de col verde «Cool Ranch» (p. 50)

CENA: Enchiladas verdes de col y kabocha (p. 137)

POSTRES: Macedonia de col verde con dulce masaje y salsa de chocolate (p. 161)

ACELGAS

Las acelgas destacan entre las verduras por sus tallos y venas de color o blancos, pero siempre con bellos tonos rosados, anaranjados o amarillos. Las acelgas abundan en vitaminas A, C, E y K, y están llenas de poderosos antioxidantes y fitonutrientes. Se cree que estos fitonutrientes tienen una función desintoxicante y regulan el azúcar en sangre.

DATO VERDE: Una taza de acelgas contiene más del 300% de la dosis diaria recomendada de vitamina K.

DESAYUNO: Batido «Hello Sunshine» (p. 25)

ALMUERZO: Ensalada de superalimentos (p. 104)

TENTEMPIÉ: Falsas patatas fritas (p. 54) con pesto de acelgas y cilantro (p. 74)

CENA: Orecchiette con acelgas, tomates secos y almendras tostadas (p. 115)

POSTRES: Tarta de ruibarbo y acelgas (p. 169)

ESPINACAS

Hay una razón para que las espinacas sean una de las verduras más populares en el mundo: son sanas, versátiles y, lo mejor de todo, ¡deliciosas! Las hojas son planas o bien algo onduladas, y se oscurecen a medida que envejecen. Las hojas tiernas tienen un sabor más suave, y son mejores para tomar crudas que las más viejas. Las espinacas son ricas en hierro, lo que las convierte en una gran fuente de energía.

DATO VERDE: Las hojas de espinacas son ricas en clorofila, una sustancia química especialmente importante para la salud de la vista.

DESAYUNO: Panqueques dulces de espinacas (p. 34)

ALMUERZO: Ensalada gomae de espinacas (p. 92)

TENTEMPIÉ: Batido de chocolate con superalimentos (p. 20)

CENA: Curry cremoso de espinacas con paneer de tofu (p. 132)

POSTRES: Brownies con ingrediente secreto (p. 147)

CALABACÍN

El calabacín es la hortaliza más comúnmente utilizada de la familia de las calabazas, y no resulta difícil comprender por qué. Es tierno, fácil de cocinar y puede emplearse para una sorprendente variedad de platos. De hecho, siempre y cuando no se hierva, se puede preparar casi de cualquier forma imaginable. El calabacín tiene un alto contenido en magnesio y fibra, esenciales para un corazón e intestino sanos.

DATO VERDE: El potasio y el magnesio del calabacín ayudan a reducir la presión arterial.

DESAYUNO: Gofres de calabacín con canela (p. 35)

ALMUERZO: Focaccia con tomate y calabacín (p. 68)

TENTEMPIÉ: Rábanos, calabacín y espárragos a la parrilla con mayonesa a las hierbas (p. 70)

CENA: Fideos de calabacín a la boloñesa (p. 108)

POSTRES: Pastel de chocolate con calabacín (p. 158)

BERZA

Las hojas de berza proporcionan el calcio más accesible debido a su contenido menor en oxalatos (sí, es posible obtener calcio de otros alimentos que no sean leche de vaca). También son ricas en vitamina K, además de ser una excelente fuente de vitaminas A y C, manganeso y fibra. Las hojas de berza contienen fitonutrientes denominados glucosinolatos que favorecen la desintoxicación natural y poseen además efecto antiinflamatorio.

DATO VERDE: De todas las crucíferas, las hojas de berza son las que más consiguen reducir el nivel de colesterol.

DESAYUNO: Revuelto de tofu con hojas de berza (p. 30)

ALMUERZO: Rollitos de berza con «queso» de anacardos (p. 66)

TENTEMPIÉ: Chucrut de col verde, berza y col (p. 71)

CENA: Rollitos de berza y quinoa (p. 133)

PARA LOS PEQUES: Burritos con revuelto (p. 39)

AGUACATE

Aunque hay quien los evita por su alto contenido en grasa, la grasa que contienen los aguacates es buena para la salud, igual que las que se hallan en las nueces y las semillas de lino (ácido oleico). Son ricos en fibra, además de vitaminas K, B_6, E y C, y su textura es tan cremosa que apetece untarlos sobre lo que sea. Ya sé lo que estará pensando –el aguacate es técnicamente una fruta– pero como no son dulces, aquí los clasifico como vegetal.

DATO VERDE: Comer aguacate con alimentos ricos en betacaroteno puede ayudar a aumentar la absorción de este antioxidante en un 400%.

DESAYUNO: Bocadillo de aguacate y rúcula con «beicon» de tempeh (p. 43)

ALMUERZO: Sopa cruda de verano (p. 86)

TENTEMPIÉ: Rollitos estivales de mango, aguacate y pepino (p. 58)

CENA: Bol de sushi deconstruido (p. 128)

POSTRES: Torta de chocolate con aguacate (p. 148)

BRÓCOLI

El brócoli es una fuente excelente de vitaminas K y C, cromo y folatos. También es rico en fibra dietética y posee enormes cualidades depurativas. Incluya esta genial hortaliza en su dieta una o dos veces por semana para aprovechar estos y otros muchos beneficios para la salud. Además, el brócoli parece un arbolito, ¡es una monada!

DATO VERDE: El brócoli es especialmente rico en kaempferol, que se cree que alivia la inflamación provocada por ciertos alérgenos.

DESAYUNO: «Quiche» de brócoli y verdura (p. 44)

ALMUERZO: Sopa de alubias blancas y verduras (p. 87)

TENTEMPIÉ: Ensalada mediterránea de brócoli y cebada (p. 101)

CENA: Pizza de acelgas, cilantro y «queso» de anacardos (p. 118)

PARA LOS PEQUES: «Arbolitos» de brócoli crudos con hummus de alubias y rúcula (p. 52)

REMOLACHA

¡Premio! Si compra un bonito manojo de remolachas que todavía conserve las hojas, habrá aprovechado una oferta de dos verduras al precio de una. Coma las hojas: son asombrosamente sanas. Presentan un sabor algo terroso, como las raíces, y pueden saborearse crudas o cocidas. También poseen una elevada concentración de luteína y un contenido en hierro más elevado que las espinacas.

DATO VERDE: Una taza de hojas de remolacha crudas contiene hasta 275 mg de luteína, importante para la vista.

DESAYUNO: Batido de bayas y hojas de remolacha (p. 22)

ALMUERZO: Ensalada de hojas de remolacha, pera y nueces (p. 93)

TENTEMPIÉ: Rebanada de «quiche» de brócoli y hojas (p. 44)

CENA: Hamburguesa de boniato y hojas verdes (p. 130)

POSTRES: Pastel triple de chocolate y remolacha (p. 157)

LAS OTRAS VERDURAS

¿Tantas verduras y tan poco tiempo? A continuación se ofrece la descripción de algunas de las verduras más notables que se mencionan a lo largo del libro.

ALGA NORI Una buena fuente de yodo (esencial para la función tiroidea), vitamina C, y fuente de vitamina B_{12}, escasa en el mundo vegetal. Las variedades de algas son tantas que podrían protagonizar su propio libro de recetas.

APIO Este vegetal ideal para mojar en salsas contiene fitonutrientes que favorecen el alivio de las dolencias inflamatorias, especialmente la inflamación del tracto digestivo. Además, es muy crujiente e hidratante. También es rico en vitamina K, que favorece la coagulación sanguínea. ¡Inclúyalo en su próximo batido!

BERROS Otro miembro de la familia de las crucíferas, que contiene hierro, calcio, yodo y folatos. Algo picante, pero gratamente.

BROTES DE GIRASOL Llenos de folatos, vitaminas del grupo B y clorofila: asombrosos para las funciones del organismo.

CHAYOTE Esta calabaza se parece mucho a una pera y es común en las cocinas mexicana y jamaicana. Es rica en fibra dietética, vitamina C y folatos, además de poseer un contenido alto de potasio y bajo de sodio. Ideal para cocerla al vapor.

CILANTRO El cilantro posee un sabor sorprendentemente intenso que se halla en numerosas cocinas, como la mexicana, la tailandesa y la india. Contiene fitonutrientes y es una buena fuente de minerales como cobre, hierro, magnesio y manganeso.

COL Se trata de una hortaliza con múltiples variedades –roja, verde, Savoy, napa– y resulta difícil equivocarse con ella. Para optimizar su consumo, lo mejor es consumirla cruda o ligeramente cocida (al vapor o salteada). Es una fuente excelente de vitaminas K, C y B_6.

COL CHINA Como se comenta más adelante, es la hortaliza asiática más conocida en las cocinas occidentales. Posee un sabor suave con hojas tiernas y tallos crujientes, y resulta deliciosa en diversos platos, tanto cocida como cruda. Es una fuente excelente de vitaminas A, C y K, además de folatos y calcio. Una ración de dos tazas de col china contiene casi el 15% de la dosis diaria recomendada de calcio.

COLES DE BRUSELAS Se ha demostrado que reducen los riesgos asociados al desarrollo de múltiples cánceres. También ayudan a disminuir el nivel de colesterol y en casos de enfermedades inflamatorias como la de Crohn, el síndrome de intestino irritable y la artritis. Repletas de vitaminas K y C, y folatos.

DIENTE DE LEÓN El diente de león es la cruz de más de un jardinero, pero es un gran aliado desintoxicante en la dieta. Con sus elevados niveles de vitaminas A, K y calcio (una ración de una taza contiene el 10% de la dosis diaria recomendada de calcio), se dice que también favorece la limpieza del hígado. Si las hojas son suficientemente tiernas, se pueden tomar crudas en ensalada, pero las más maduras son de gusto fuerte y amargo, y es mejor cocerlas al vapor o saltearlas.

ESPÁRRAGOS Además de ser una excelente fuente de vitamina K, cobre y folatos, los espárragos contienen inulina, un prebiótico importante para la salud digestiva. También se ha demostrado que poseen propiedades antiinflamatorias. Son deliciosos asados, a la parrilla, en risotto o incluso crudos en la ensalada.

GRELOS Un tanto amargos, pero no se deje amedrentar. Escáldelos brevemente, y listos. Se utilizan mucho en la cocina italiana.

ESPIRULINA Una clase de alga verdeazulada que representa una buena fuente de proteína (contiene unos 6 g por cucharada) y de clorofila. Suele encontrarse en polvo en tiendas de alimentación especializadas.

GUISANTES, TIRABEQUES Y CHÍCHAROS Aunque se consideran una verdura, son legumbres frescas porque crecen en vainas. Entre otras excelencias nutritivas, ¡una taza de guisantes tiernos contiene la alucinante cantidad de 7,5 g de fibra!

HOJAS DE NABO Dos hortalizas en una. No tire las hojas del manojo de nabos: hay quien opina que resultan amargas, y es cierto que tienen un punto, pero con un contenido en calcio tan elevado, cuesta oponerse a su consumo. Una ración también aporta casi la mitad de la dosis recomendada de folatos.

HOJAS DE RÁBANO Riquísimas en calcio (una ración de 90 g posee 200 mg; el 20% de la cantidad diaria recomendada), y con más vitamina C que las raíces de rábano. Su sabor es bastante suave, por lo que pueden añadirse a ensaladas o salteados.

HORTALIZAS ASIÁTICAS Si vive en una ciudad grande, seguramente tendrá al alcance una buena variedad de hortalizas asiáticas. Pruébelas: algunas tienden a sabores amargos (brócoli chino, mostaza china), otras ofrecen hojas tiernas ideales para ensaladas o salteados (mizuna, tatsoi), y otras pertenecen a la familia de las calabazas, vainas, etcétera. La col china es la más común y disponible en las tiendas, por lo que es la que más se emplea en el presente libro.

JUDÍAS VERDES Son una buena fuente de fibra, folatos y vitamina B_2, e incluso contienen pequeñas cantidades de omega-3.

LECHUGA ROMANA Una fuente excelente de folatos y vitaminas A y K. ¡Ave, ensalada César!

OTRAS HOJAS PARA ENSALADA Y LECHUGAS Existen numerosas variedades de lechuga y hojas para ensalada, y todas poseen magníficos sabores y texturas y, por descontado, un gran valor nutricional. Las frescas son ideales, por lo que puede usted utilizar las que tenga a mano para las recetas del presente libro.

PEPINO La vitamina C, el betacaroteno, el manganeso y su alto contenido en agua hacen del pepino una hortaliza hidratante y refrescante.

PEREJIL El pobre perejil todavía suele quedar relegado a guarnición del acompañamiento, aunque merece más atención dados sus elevados niveles de vitaminas K, C y A, folatos y hierro. Es un ingrediente que anima sopas, ensaladas e incluso batidos.

RÚCULA También conocida como oruga, la rúcula es una de mis hortalizas de hoja tierna preferidas. Tiene un sabor algo picante y combina de maravilla en ensaladas, bocadillos y, mi opción favorita, en pizzas. Forma parte de la familia de las crucíferas (como la col verde, la col, la berza).

SALVIA La salvia tiene un largo historial de usos medicinales. En la actualidad resulta útil en el tratamiento de afecciones y enfermedades inflamatorias.

LOS OTROS INGREDIENTES

Puede que no le suene alguno de los ingredientes del libro, pero se hallan entre mis favoritos por buenas razones. He aquí una breve explicación de cada uno.

AZÚCAR DE CAÑA SIN REFINAR También denominado azúcar de caña biológico o jugo de caña evaporado. Se trata del azúcar granulado previo al proceso de refinado. Conserva las melazas, por lo que su sabor es intenso y apto para el consumo vegano, dado que no ha pasado por filtros de carbón animal. Puede sustituirse por azúcar granulado. Disponible en tiendas de alimentación especializadas.

FIDEOS DE ALGA KELP Son exactamente lo que su nombre indica: fideos elaborados con alga kelp. Presentan una textura interesante que es a la vez crujiente y algo gomosa, y en realidad no tienen mucho sabor, pero son un alimento fantástico para trasladar los sabores de las ricas verduras y salsas. Suelen encontrarse en las tiendas de alimentación especializadas, tiendas de alimentación asiáticas o internet. Son fuente de yodo y calcio, y no contienen gluten.

LEVADURA NUTRICIONAL No debe confundirse con la levadura de panadero ni la levadura de cerveza. Los copos de levadura nutricional poseen un agradable sabor «a queso» y son ideales para añadirlas a salsas o espolvorearlas sobre las palomitas. Algunas marcas ofrecen el producto fortificado con vitamina B_{12}; yo procuro consumir este tipo. Disponibles en tiendas de alimentación especializadas.

MISO Pasta de soja fermentada. Hay miso más y menos fuerte: yo prefiero la pasta de miso blanca, más suave.

SALSA TAMARI La salsa tamari es mi salsa de soja preferida. La encuentro más suave y salada. Se fermenta con menos trigo (o, en el caso de salsa tamari sin gluten, sin trigo). Puede sustituirse por salsa de soja normal si no se dispone de salsa tamari. La encontrará en tiendas de alimentación especializadas.

SEMILLAS DE CÁÑAMO PELADAS Estas semillas, llamadas también corazones de cáñamo, son pequeñas y verdes, blandas y apetitosas. Son ricas en omega-3 y deliciosas espolvoreadas en yogur, sopas y ensaladas. Disponibles en tiendas especializadas.

SEMILLAS DE CHÍA Estas diminutas semillas son una excelente fuente de nutrición, llenas de proteínas, fibra, calcio y ácidos grasos omega beneficiosos para el corazón. Son capaces de absorber hasta diez veces su peso en agua, por lo que pueden utilizarse como espesante para batidos o incluso como sustituto del huevo. Se encuentran en tiendas de alimentación especializadas.

TEMPEH También elaborado a partir de habas de soja, el tempeh se obtiene presionando los granos de soja enteros formando tortas y fermentándolas. Su sabor es más fuerte que el del tofu, pero es igual de delicioso. Se halla en tiendas de alimentación especializadas.

TOFU Elaborado a partir de la soja, en forma de queso, el tofu posee un elevado contenido de proteínas, es bajo en grasas y resulta extremadamente versátil en la cocina. Debido a la producción en masa de la soja para utilizarla como alimento para el ganado, muchas cosechas se han modificado genéticamente, por lo que conviene optar por un producto biológico sin modificaciones genéticas. Disponible en tiendas de alimentación especializadas.

VINAGRE UMEBOSHI Conocido también como vinagre de ciruelas ume, es el jugo de la conserva de ciruelas ume japonesas con hojas shiso, de sabor ácido y salado. Su degustación es asombrosa, y con poca cantidad basta. Se suele encontrar en tiendas de alimentación especializadas.

LOS 5 PASOS «VERDES»

1 **CONSUMA PRODUCTOS DE LA ZONA** Visite el mercado local o una granja donde vendan su producción, o contrate el servicio de entrega a domicilio de una tienda ecológica.

2 **CULTIVE SUS HORTALIZAS** No hay nada más fácil que cosechar verdura del propio jardín. Consiga unas semillas o plántulas y ponga a prueba sus habilidades de jardinería. En caso de duda, opte por variedades de cultivo fácil para empezar, como la col verde o el calabacín.

3 **ELIJA SU RECETA** Ya está leyendo este libro (¡hurra!), ahora elija tres recetas que desee probar, elabore la lista de los ingredientes necesarios, cómprelos y póngase a cocinar.

4 **BATIDOS CON VERDURA** Pruébelos. Sí, se elaboran con vegetales, pero no, no saben a hierba. Palabra de honor.

5 **VARÍE** La variedad es la sal de la vida. Además, al variar de hortalizas maximizará su consumo de vitaminas y nutrientes. Propóngase incorporar dos nuevas variedades en los menús semanales y cámbielas cada pocas semanas.

NOTA SOBRE LAS RECETAS

Todas las recetas del presente libro son veganas, es decir, libres de productos de origen animal, incluida la carne, los productos lácteos y los huevos. Mi familia sigue una dieta basada en productos vegetales por lo que todas mis recetas se basan en este tipo de alimentos. Somos veganos porque sentimos compasión por los animales. Pero además nos gusta comer así, y nuestra dieta es rica en deliciosos alimentos integrales, como los que se emplean en la recetas de este libro. El hecho de que sean veganas las hace perfectas para todo tipo de comensales, ya sean vegetarianos u omnívoros. También descubrirá que muchas recetas son sin gluten, y la mayoría ofrecen la opción de elaborarlas sin gluten fácilmente.

INFORMACIÓN NUTRICIONAL Y GRASAS SALUDABLES

Debo ser sincera: no soy una persona que preste demasiada atención al contenido de grasas y calorías de los alimentos. Pero siempre procuro que las recetas incluyan proteínas y fibra, y en la mayoría de las ocasiones, cuando se elaboran platos con alimentos integrales, uno se procura una alimentación sana. Dicho lo cual, comprendo que algunos lectores deseen y valoren la información calórica sobre los platos, por lo que cada receta incluye estos datos en un pequeño recuadro. Algunas recetas son ricas en calorías y grasas, ya que se preparan con alimentos muy nutritivos como aguacate, frutos secos crudos, leche de coco y semillas. A pesar de tratarse de alimentos ricos en grasas, son grasas saludables que el organismo necesita para llevar a cabo funciones importantes, funciones que hacen que la piel, el cabello y las uñas reluzcan.

PLANIFICACIÓN DEL MENÚ DIARIO

¿Se pregunta cómo lo va a conseguir? He aquí algunos ejemplos de planificación del menú diario para conseguir comer hortalizas a lo largo de todo el día.

PARA QUE LOS NIÑOS COMAN MÁS VERDURAS

DESAYUNO: Panqueques dulces de espinacas (p. 34)

ALMUERZO: Rollitos estivales de mango, aguacate y pepino (p. 58)

TENTEMPIÉ: Crujientes de col verde con chocolate (p. 146)

CENA: Pizza de acelgas, cilantro y «queso» de anacardos (p. 118)

POSTRES: Galletas de calabacín y avena (p. 151)

PARA LOS QUE NO TIENEN TIEMPO DE ENTRETENERSE EN LA COCINA

DESAYUNO: Batido de bayas y hojas de remolacha (p. 22)

ALMUERZO: Sopa de miso al limón con brócoli chino (p. 83)

TENTEMPIÉ: Hummus de alubias y rúcula (p. 52)

CENA: Pasta con salsa picante de cacahuete (p. 111)

POSTRES: Pastel de chocolate con calabacín (p. 158)

PARA COMER SANO Y MAXIMIZAR EL CONTENIDO EN NUTRIENTES

DESAYUNO: Revuelto de tofu con hojas de berza (p. 30)

ALMUERZO: Ensalada de superalimentos (p. 104)

TENTEMPIÉ: Rollitos de berza con «queso» de anacardos (p. 66)

CENA: Boniatos al horno rellenos de brócoli, acelgas y hummus (p. 123)

POSTRES: Polos de aguacate y chocolate (p. 165)

PARA RECIBIR INVITADOS

DESAYUNO: Gofres de calabacín con canela (p. 35)

ALMUERZO: Zaru soba con pepino y cebolla tierna (p. 65)

TENTEMPIÉ: Falsas patatas fritas al pesto (p. 54)

CENA: Orecchiette con acelgas, tomates secos y almendras tostadas (p. 115)

POSTRES: Bizcocho de limón y perejil (p. 156)

BATIDOS Y DESAYUNOS

BATIDO VERDE TROPICAL

2 raciones / sin gluten

Despierte con el sabor de los trópicos con este desayuno facilísimo y saludable. Si no conoce los batidos de hortalizas, éste es un buen comienzo, ya que las espinacas ofrecen un sabor suave que no domina el de la fruta.

Preparación: 5 min

1 plátano
75 g de trozos de mango congelado
60 g de espinacas «baby»
125 ml de zumo de piña
125 ml de agua

1 Incorpore todos los ingredientes en la batidora y tritúrelos hasta que quede una mezcla homogénea. Sirva en vasos.

2 Decore con un par de trozos de mango congelado si lo desea.

CALORÍAS (POR RACIÓN)	119
PROTEÍNAS	1,9 g
GRASA TOTAL	0,3 g
GRASAS SATURADAS	0 g
HIDRATOS DE CARBONO	28,9 g
FIBRA DIETÉTICA	3,2 g
AZÚCARES	19 g
VITAMINAS	A, B_6, C, K

BATIDO DE CHOCOLATE Y SUPERALIMENTOS

2 raciones / sin gluten

¡Empiece el día con chocolate! Este saciante batido da en el clavo cuando uno se levanta con mal pie por la mañana. Lleno de espinacas y otros superalimentos, como semillas de chía y maca, garantiza una subida de ánimo al tomarlo.

Preparación: 5 min

60 g de espinacas «baby»
1 plátano congelado
250 ml de leche de almendras
2 cucharadas de cacao en polvo o cacao puro
1 cucharada de semillas de chía
1 cucharada de maca en polvo
½ cucharadita de canela
1 cucharada de puntillas de cacao puro

1 Mezcle todos los ingredientes excepto las puntillas de cacao en la batidora y triture hasta obtener una textura suave. Detenga el proceso, limpie los lados del recipiente y añada más leche si es preciso. Siga batiendo.

2 Vierta en vasos, espolvoree con las puntillas de cacao y sirva.

CALORÍAS (POR RACIÓN)	158
PROTEÍNAS	5,4 g
GRASA TOTAL	6,9 g
GRASAS SATURADAS	2,6 g
HIDRATOS DE CARBONO	23,0 g
FIBRA DIETÉTICA	8,4 g
AZÚCARES	7,7 g
VITAMINAS	A, E, K

BATIDO DE BAYAS Y HOJAS DE REMOLACHA

2 raciones | sin gluten

Las hojas de remolacha suelen tener un sabor fuerte a tierra, por lo que para este batido es ideal utilizar hojas tiernas. Con frutos del bosque, seguro que se convierte en un favorito en casa, especialmente para los pequeños.

Preparación: 5 min

40 g de hojas de remolacha
1 plátano
140 g de frutos del bosque variados congelados
75 g de fresas
250 ml de leche de origen vegetal al gusto
3-4 cubitos de hielo (opcional)

1 Lave las hojas de remolacha y corte trozos de 5 cm.

2 Mezcle todos los ingredientes en la batidora hasta obtener una textura suave. Vierta en vasos y sirva al momento.

CALORÍAS (POR RACIÓN)	129
PROTEÍNAS	2,3 g
GRASA TOTAL	2,1 g
GRASAS SATURADAS	0 g
HIDRATOS DE CARBONO	26,7 g
FIBRA DIETÉTICA	6,2 g
AZÚCARES	14,4 g
VITAMINAS	A, C

BATIDO DE LIMÓN, JENGIBRE Y PEREJIL

2 raciones | sin gluten

Este batido es ideal para mantener a raya los resfriados. Posee un sabor intenso, con la acidez del limón y el aroma del jengibre y el perejil. Con un sorbo comprenderá hasta qué punto el perejil llega a refrescar un batido.

Preparación: 5 min

1 naranja
½ pepino inglés
1 cucharada de jengibre fresco rallado
250 ml de zumo de piña
15 g de hojas frescas de perejil
zumo de ½ limón
3-4 cubitos de hielo (opcional)

1 Pele la naranja y pártala en gajos. Corte el pepino y trocéelo.

2 Mezcle los ingredientes en la batidora hasta conseguir una textura suave. Vierta en vasos y sirva al momento, decorado con una hoja de perejil, si lo desea.

CALORÍAS (POR RACIÓN)	137
PROTEÍNAS	2,3 g
GRASA TOTAL	0,7 g
GRASAS SATURADAS	0 g
HIDRATOS DE CARBONO	32,4 g
FIBRA DIETÉTICA	3,5 g
AZÚCARES	21,6 g
VITAMINAS	A, B_6, C

BATIDO DE CEREZAS Y COL VERDE

2 raciones | sin gluten

El aguacate consigue dar a los batidos una textura rica y cremosa. Éste lo dedico a mi madre, que es alérgica al plátano crudo: por fin, un batido que puedo compartir contigo.

Preparación: 5 min

- 3 hojas de col verde, sin los tallos leñosos
- 375 ml de agua de coco
- 225 g de cerezas sin hueso, frescas o congeladas
- ½ aguacate
- 60 ml de zumo de granada
- 1 cucharada de semillas de cáñamo peladas
- 3 cubitos de hielo (opcional)
- 1 dátil Medjool sin hueso (opcional)

1 Corte o rompa la col en trocitos. Incorpórela al vaso de la batidora con el agua de coco y mezcle para empezar a licuar las hojas.

2 Añada el resto de ingredientes y mezcle hasta obtener una textura suave. Vierta en vasos y sirva al momento.

CALORÍAS (POR RACIÓN)	251
PROTEÍNAS	6,7 g
GRASA TOTAL	5,8 g
GRASAS SATURADAS	1,1 g
HIDRATOS DE CARBONO	48,7 g
FIBRA DIETÉTICA	8,1 g
AZÚCARES	35,5 g
VITAMINAS	A, C, K

BATIDO BÁSICO DE HOJA VERDE

2 raciones | sin gluten

Sin pretensiones, sin sacarse trucos de la manga: un simple batido vegetal con los pies en la tierra que le hará recordar por qué vale la pena empezar el día con él.

Preparación: 5 min

- 1 plátano
- 150 g de fresas
- 60 de espinacas
- 250 ml de leche de origen vegetal al gusto
- 3-4 cubitos de hielo

1 Ponga los ingredientes en el vaso de la batidora y mézclelos hasta conseguir una textura suave. Vierta en vasos y sirva al momento.

CALORÍAS (POR RACIÓN)	103
PROTEÍNAS	2,4 g
GRASA TOTAL	2,1 g
GRASAS SATURADAS	0 g
HIDRATOS DE CARBONO	21,3 g
FIBRA DIETÉTICA	4,4 g
AZÚCARES	11,3 g
VITAMINAS	A, C

BATIDO VERDE CON CAPRICHO DE MELOCOTÓN

2 raciones | sin gluten

Para aquellos días en que se precisa un empujón adicional. Este batido le saciará con el dulzor del melocotón, le hidratará con la lechuga y le aportará un toque extra de energía con la maca en polvo, un antiguo superalimento inca.

Preparación: 5 min

2 melocotones frescos
2 tallos de apio
90 g de lechuga romana
1 plátano congelado
1 dátil Medjool sin hueso
250 ml de leche de almendras
85 ml de zumo de albaricoque
1 cucharadita de maca en polvo
(véase imagen, p. 26, derecha)

1 Lave y deshuese los melocotones.

2 Corte el apio en trozos grandes y échelo en el vaso de la batidora con la lechuga, el plátano, el dátil y la leche de almendras. Mézclelo todo.

3 Agregue los melocotones, el zumo de albaricoque y la maca en polvo y siga batiendo. Vierta en vasos y decore con una hoja de apio.

CALORÍAS (POR RACIÓN)	172
PROTEÍNAS	2,9 g
GRASA TOTAL	2,1 g
GRASAS SATURADAS	0 g
HIDRATOS DE CARBONO	37,3 g
FIBRA DIETÉTICA	5,2 g
AZÚCARES	27 g
VITAMINAS	C

BATIDO «HELLO SUNSHINE»

2 raciones | sin gluten

Dulce, refrescante e intensa, esta mezcla de manzana, pepino, kiwi y acelgas garantiza un saludo con una sonrisa a todo aquel que se le cruce.

Preparación: 5 min

1 manzana dulce (Fuji, Gala o similar)
1 kiwi
½ pepino inglés
½ plátano
35 g de hojas de acelga
250 ml de agua de coco
3-4 cubitos de hielo
(véase imagen, p. 26, centro)

1 Pele, quite el corazón y parta en cuartos la manzana. Pele el kiwi.

2 Ponga los ingredientes en la batidora y mezcle hasta obtener una textura suave. Vierta en vasos y sirva enseguida con una rodaja de kiwi para decorar.

CALORÍAS (POR RACIÓN)	103
PROTEÍNAS	1,1 g
GRASA TOTAL	0,4 g
GRASAS SATURADAS	0 g
HIDRATOS DE CARBONO	21,6 g
FIBRA DIETÉTICA	4,1 g
AZÚCARES	17,6 g
VITAMINAS	A, B_6, C

ZUMO VEGETAL SIN LICUADORA

1 ración | sin gluten

No hace falta tener una licuadora cara para acceder a los beneficios de un zumo vegetal. Si dispone de una batidora y un paño fino para elaborar leche vegetal, puede preparar sus propios zumos. El siguiente es uno de mis favoritos, para empezar.

Preparación: 7 min

60 g de espinacas
2 manzanas
1 pepino
un trozo de jengibre fresco de 2,5 cm
250 ml de agua
unas gotas de estevia líquida (opcional)
(véase imagen inferior izquierda)

1 Vierta todos los ingredientes en la batidora y mézclelos hasta obtener una textura suave. Cuele con un paño fino o una estameña y sirva. Si lo desea, decore con una rodaja de pepino.

CALORÍAS (POR RACIÓN)	225
PROTEÍNAS	5,8 g
GRASA TOTAL	0,7 g
GRASAS SATURADAS	0 g
HIDRATOS DE CARBONO	58,4 g
FIBRA DIETÉTICA	13,1 g
AZÚCARES	37,3 g
VITAMINAS	A, B_6, C, K

GRANOLA DIOSA VERDE

6 raciones | con opción sin gluten

Elaborar la propia granola es facilísimo. La espirulina es técnicamente un alga, pero son su color verde y sus numerosos beneficios nutricionales los que hacen de esta granola una divinidad verde. Puede utilizar copos de avena sin gluten.

Prep.: 5 min | Cocción: 20 min

135 g de copos de avena
120 g de semillas de alforfón (sin tostar)
35 g de semillas de calabaza
35 g de semillas de cáñamo peladas
30 g de arándanos rojos secos
2 cucharadas de espirulina
3 o 4 dátiles Medjool, sin hueso y remojados en 125 ml de agua
4 cucharadas de jarabe de arce
frambuesas para servir
(véase imagen, p. 29, detrás)

1 Precaliente el horno a 150 °C. Prepare una bandeja con papel vegetal.

2 Mezcle la avena, el alforfón, las semillas de calabaza y de cáñamo, los arándanos y la espirulina en un cuenco grande.

3 Escurra los dátiles pero reserve 4 cucharadas del agua del remojo, y colóquelos en la batidora con el jarabe de arce y el agua del remojo. Triture hasta obtener una textura suave. Vierta este preparado en el cuenco grande y remueva para recubrirlo todo con él.

4 Extienda la mezcla formando una capa sobre la bandeja y hornee 20 minutos, removiendo a media cocción, hasta que todo quede tostado por igual. Retire del horno, deje templar y rompa en trocitos. Puede conservar la granola en un recipiente hermético hasta dos semanas. Sirva con frambuesas frescas si lo desea.

CALORÍAS (POR RACIÓN)	280
PROTEÍNAS	13,7 g
GRASA TOTAL	7,6 g
GRASAS SATURADAS	1,1 g
HIDRATOS DE CARBONO	40,9 g
FIBRA DIETÉTICA	4,7 g
AZÚCARES	13,6 g
VITAMINAS	A

BATIDO VERDE CON GRANOLA

2 raciones | con opción sin gluten

Una manera estupenda de empezar el día. Cambie el habitual vaso para los batidos por un bol y anímelo con unas bayas, coco y la espectacular Granola diosa verde para convertir el desayuno en una obra de arte comestible. Para adaptar la receta, utilice avena sin gluten al elaborar la granola.

Preparación: 7 min

- 70 g de col verde, sin tallos leñosos
- 30 g de espinacas
- 1 plátano
- 150 g de trozos de mango fresco o congelado
- 1 cucharada de semillas de chía
- 250 ml de leche vegetal (al gusto)
- 100 g de Granola diosa verde (p. 27)
- 125 g de frambuesas frescas
- 2 cucharadas de coco rallado sin edulcorar
- 2 cucharadas de bayas goji

1 Corte o rompa la col verde en trocitos. Eche la col, las espinacas, el plátano, el mango, las semillas de chía y la leche en la batidora y triture hasta obtener una textura homogénea.

2 Divida el batido en dos cuencos y añada a cada uno 50 g de granola.

3 Reparta las frambuesas, el coco y las bayas goji en los dos boles y sirva.

CALORÍAS (POR RACIÓN)	440
PROTEÍNAS	19,4 g
GRASA TOTAL	16,5 g
GRASAS SATURADAS	9,2 g
HIDRATOS DE CARBONO	67 g
FIBRA DIETÉTICA	14,9 g
AZÚCARES	38,1 g
VITAMINAS	A, C, K

REVUELTO DE TOFU CON HOJAS DE BERZA

4 raciones / sin gluten

El revuelto de tofu con verduras es ideal para un desayuno de domingo. Para que sea todo un festín, ase unas patatitas, añada unas tostadas de pan integral y sirva con una inmensa taza de café. Si su colección de especias cuenta con sal negra, aportará cierto sabor a huevo al tofu.

Prep.: 10 min | Cocción: 15 min

- 450 g de tofu firme o extrafirme
- 70 g de hojas de berza
- 2 cucharadas de aceite de oliva
- 75 g de cebolla roja, en dados
- ⅓ de taza de aceitunas verdes, laminadas
- 1 cucharadita de cúrcuma
- 2 cucharaditas de salsa tamari sin gluten
- una tostada
- unos gajos de limón
- sal marina y pimienta negra recién molida

CALORÍAS (POR RACIÓN)	157
PROTEÍNAS	10,2 g
GRASA TOTAL	11,9 g
GRASAS SATURADAS	2 g
HIDRATOS DE CARBONO	5,2 g
FIBRA DIETÉTICA	2,2 g
AZÚCARES	1,6 g
VITAMINAS	A, B_6, K

1 Retire el envoltorio del tofu y escúrralo. Envuelva el tofu en un paño de cocina limpio y presione para que suelte el agua, ya sea a mano o colocándolo entre dos platos y aplastándolo con una cazuela de hierro fundido o unos libros.

2 Lave y retire los tallos leñosos de la berza. Amontone las hojas y córtelas en trocitos. Reserve.

3 Caliente el aceite de oliva en una sartén grande y sofría la cebolla a fuego medio alto hasta que se ablande pero no llegue a dorarse. Desmigue el tofu en la sartén y mezcle con la cebolla y el aceite. Agregue las aceitunas, espolvoree con la cúrcuma, y siga cociendo de 5 a 7 minutos. Añada más aceite si es necesario (el tofu absorbe mucho) y salpimiente al gusto.

4 Aparte el tofu a un lado de la sartén e incorpore la berza. Añada la salsa tamari y sofría hasta que se ablanden las hojas, unos 5 minutos. Mézclelo todo y sirva al momento con una tostada y unos gajos de limón.

TOSTADA CON AGUACATE Y «BEICON» DE COCO

4 raciones | con opción sin gluten

Podría tomarla para desayunar cada día. De hecho, creo que lo hice durante alrededor de un mes cuando preparé el primer lote de «beicon» de coco. Si no ha probado el beicon de coco, le va a encantar. Para adaptar la receta, utilice pan sin gluten.

Prep.: 5 min | Cocción: 30 min

8 rebanadas de pan de cereales
2 aguacates maduros

PARA EL «BEICON» DE COCO

2 ½ cucharadas de salsa tamari sin gluten
2 cucharadas de jarabe de arce
1 cucharada de aceite de sésamo
½ cucharada de humo líquido
300 g de coco laminado sin edulcorar
una pizca de sal marina

1 Precaliente el horno a 160 °C.

2 Para preparar el «beicon» de coco, mezcle en un cuenco la salsa tamari, el jarabe de arce, el aceite de sésamo y el humo líquido. Añada el coco laminado e incorpórelo bien a la mezcla.

3 Extienda el coco sobre una bandeja de horno cubierta con papel vegetal y hornéelo de 20 a 30 minutos, girando la bandeja y removiendo el coco cada 10 minutos. Una vez cocido, retírelo del horno, espolvoréelo con una pizca de sal marina y deje templar.

4 Tueste el pan y chafe el aguacate con un tenedor. Extienda el aguacate sobre la tostada, cubra con beicon de coco y sirva. El beicon restante se conserva hasta un mes en un recipiente hermético.

CALORÍAS (POR RACIÓN)	517
PROTEÍNAS	10,8 g
GRASA TOTAL	36,9 g
GRASAS SATURADAS	16,6 g
HIDRATOS DE CARBONO	40,9 g
FIBRA DIETÉTICA	14,2 g
AZÚCARES	9,3 g
VITAMINAS	B_6

PANQUEQUES DULCES DE ESPINACAS

2-3 raciones | con opción sin gluten

Estos pancakes son vegetarianos y deliciosos: perfectos para amontonarlos uno sobre otro y ahogarlos con jarabe de arce. Para adaptar la receta, sustituya la harina de trigo integral por la que utilice habitualmente sin gluten.

Prep.: 5 min | Cocción: 10 min

125 g de harina de trigo integral
1 cucharada de levadura en polvo
una pizca de sal
1 cucharada de azúcar moreno
½ cucharadita de canela
125 ml de leche de almendras
30 g de espinacas
1 plátano
jarabe de arce y frutos rojos frescos para decorar
(véase imagen inferior, al fondo)

1 Mezcle la harina, la levadura, la sal, el azúcar y la canela en un cuenco grande. Reserve.

2 Mezcle los ingredientes restantes en la batidora hasta conseguir una textura suave. Añada esta mezcla a los ingredientes secos y remueva con cuidado. Si la pasta es demasiado espesa, añada un poco más de leche, de cucharada en cucharada, hasta que obtenga una mezcla fácil de verter.

3 Caliente una plancha o una sartén grande con un poco de aceite. Vierta 60 ml (un cucharón) de la mezcla cada vez dejando espacio entre los panqueques. Cuando aparezcan burbujitas en el centro de los panqueques, deles la vuelta y siga cociéndolos, unos 5 minutos por lado, hasta que se doren. Sírvalos calientes con jarabe de arce y frutos rojos.

CALORÍAS (POR RACIÓN)	358
PROTEÍNAS	7,1 g
GRASA TOTAL	12 g
GRASAS SATURADAS	10,3 g
HIDRATOS DE CARBONO	58,7 g
FIBRA DIETÉTICA	4,4 g
AZÚCARES	10,9 g
VITAMINAS	A

GOFRES DE CALABACÍN CON CANELA

2 raciones

Estos gofres perfumarán su casa con el aroma cálido de la canela y harán las delicias de su estómago.

Prep.: 10 min | Cocción: 8 min

- 190 ml de yogur de coco
- 80 g de calabacín rallado
- 1 cucharada de aceite de coco derretido
- 1 cucharada de jarabe de arce
- 95 g de harina de trigo integral
- 45 g de avena de cocción rápida
- 1 cucharada de levadura en polvo
- 1 cucharadita de canela
- jarabe de arce y frutos rojos para servir

(véase imagen, p. 34, delante)

1 Caliente la gofrera, si tiene.

2 En un cuenco, mezcle el yogur con el calabacín, el aceite y el jarabe de arce. En otro cuenco, mezcle los ingredientes secos. Añada los ingredientes secos a la mezcla del calabacín y remueva bien. Debe formarse una pasta espesa.

3 Cocine los gofres según las instrucciones de uso de la gofrera. Si no dispone de una, caliente una plancha a fuego medio. Úntela con aceite y vierta 125 ml de la masa. Deje cocer unos 3 o 4 minutos, dele la vuelta y cocine unos 3 o 4 minutos más, hasta que se dore.

4 Sirva los gofres calientes con jarabe de arce y frutos rojos.

CONSEJO: Esta receta puede doblarse para obtener más raciones. Los gofres sobrantes pueden envolverse individualmente y refrigerarse o congelarse; para calentarlos, utilice la tostadora.

CALORÍAS (POR RACIÓN)	391
PROTEÍNAS	9,9 g
GRASA TOTAL	10,5 g
GRASAS SATURADAS	7,2 g
HIDRATOS DE CARBONO	67,7 g
FIBRA DIETÉTICA	4,5 g
AZÚCARES	12,1 g
VITAMINAS	C

MAGDALENAS DE MAÍZ, COL VERDE Y HIERBAS

10 unidades | con opción sin gluten

Estas sabrosas magdalenas son versátiles y pueden tomarse solas en el desayuno o acompañar un revuelto de tofu, o incluso un bol de Sopa de alubias blancas y verduras (p. 87). Para adaptar la receta, sustituya la harina con su opción sin gluten favorita.

Prep.: 5 min | Cocción: 25 min

- 250 ml de leche vegetal (al gusto)
- 1 cucharada de vinagre de manzana
- 125 g de harina
- 150 g de harina de maíz
- ½ cucharadita de bicarbonato
- 2 cucharaditas de levadura en polvo
- 1 cucharadita de sal marina
- 60 ml de aceite vegetal
- 25 g de hojas de col verde troceadas
- 2 cucharadas de albahaca fresca
- 2 cucharadas de cebollino
- 1 pimiento pequeño (opcional)

1 Precaliente el horno a 180 °C. Engrase un molde para magdalenas.

2 Mezcle la leche con el vinagre en un bol pequeño y deje que cuaje.

3 Mientras tanto, mezcle la harina, la harina de maíz, el bicarbonato, la levadura y la sal en un bol. Añada el aceite a la leche, mezcle y agregue a los ingredientes secos, removiendo bien.

4 Trocee finamente las hojas de col, la albahaca, el cebollino y el pimiento, si usa, y agréguelos a la masa.

5 Rellene los huecos del molde y hornee unos 20-25 minutos, o hasta que al pinchar con un palillo, éste salga limpio.

CALORÍAS (POR RACIÓN)	200
PROTEÍNAS	3,1 g
GRASA TOTAL	11,7 g
GRASAS SATURADAS	6,2 g
HIDRATOS DE CARBONO	22,4 g
FIBRA DIETÉTICA	2,2 g
AZÚCARES	0,9 g
VITAMINAS	K

BURRITOS CON REVUELTO

4 raciones | con opción sin gluten

Ideal para llevar. Al no comer huevos, los burritos de revuelto nunca me han resultado demasiado atractivos, pero ahora que puedo prepararlos con el revuelto de tofu, comprendo las pasiones que levantan. Puede adaptarlos con tortillas sin gluten.

Prep.: 10 min | Cocción: 20 min

450 g de tofu firme o extrafirme
60 de espinacas, 140 g de col verde o 70 g de hojas de berza
2 cucharadas de aceite de oliva
75 g de cebolla roja en dados
1 pimiento verde cortado
1 cucharadita de cúrcuma
4 tortillas de 25 cm
120 g de salsa para burritos
tiras de aguacate
salsa picante (opcional)
sal marina y pimienta negra recién molida

1 Retire el envoltorio del tofu y escúrralo. Envuelva el tofu en un paño de cocina limpio y presione para que suelte el agua, ya sea a mano o colocándolo entre dos platos y aplastándolo con una cazuela de hierro fundido o unos libros.

2 Lave y retire los tallos leñosos de las hojas que utilice. Amontone las hojas y córtelas en trocitos. Reserve.

3 Caliente el aceite en una sartén grande y saltee la cebolla y el pimiento a fuego medio alto hasta que se ablanden. Desmigue el tofu en la sartén y mezcle con la cebolla, el pimiento y el aceite. Espolvoree con la cúrcuma y siga cociendo de 5 a 7 minutos, hasta que el tofu empiece a dorarse. Salpimiente al gusto.

4 Aparte el tofu a un lado de la sartén e incorpore las hojas a la sartén. Añada una cucharadita de agua y sofría 2 o 3 minutos hasta que se ablanden. Mézclelo todo.

5 Para montar los burritos, extienda una tortilla y coloque tres cuartos de taza de revuelto en el tercio inferior. Añada dos cucharadas de salsa, unas tiras de aguacate y salsa picante si lo desea. Envuelva el burrito desde abajo, metiendo los lados al hacerlo.

CALORÍAS (POR RACIÓN)	358
PROTEÍNAS	14,8 g
GRASA TOTAL	16,8 g
GRASAS SATURADAS	2,3 g
HIDRATOS DE CARBONO	39,5 g
FIBRA DIETÉTICA	5,2 g
AZÚCARES	3,9 g
VITAMINAS	A, B_6, C

FRITADA BUBBLE AND SQUEAK

4 raciones | sin gluten

El bubble and squeak es un plato muy británico –y delicioso– que aprovecha las sobras de puré de patata. Y aunque no se disponga de sobras, está listo en un momento. La receta consiste en una fritada básica, pero no frunza el ceño. Añada cualquier hortaliza que tenga a mano: zanahoria, chirivía, coles de Bruselas, col verde... Desate su imaginación. A mí me gusta comerlo acompañado de crema agria vegana.

Prep.: 5 min | Cocción: 20 min

1 kg de puré de patata o 900 g de patatas peladas y en dados
3 cucharadas de mantequilla vegana
3 cucharadas de aceite de coco o aceite de oliva
40 g de cebolla en dados
100 g de col en juliana
sal marina y pimienta negra recién molida

CALORÍAS (POR RACIÓN)	328
PROTEÍNAS	4,2 g
GRASA TOTAL	18,7 g
GRASAS SATURADAS	11,1 g
HIDRATOS DE CARBONO	37,5 g
FIBRA DIETÉTICA	6,2 g
AZÚCARES	3,7 g
VITAMINAS	B_6, C

1 Si no utiliza sobras de puré, ponga agua a hervir y cueza en ella las patatas hasta que estén bien hechas, unos 12 minutos. Escurra el agua y devuelva las patatas a la olla junto con la mantequilla, y remueva para que se derrita. Chafe las patatas (si quedan grumos, no pasa nada).

2 Caliente 1 cucharada de aceite en una sartén de hierro fundido y sofría la cebolla hasta que quede tierna y translúcida. Añada la col y siga cociendo unos 5 o 6 minutos a fuego medio alto. La col debe quedar tierna y empezar a dorarse.

3 Eche la col a la olla de las patatas y mezcle. Salpimiente al gusto.

4 Caliente el aceite restante en la sartén de hierro fundido y añada la mezcla de la patata. Fría de 5 a 7 minutos, removiendo a menudo, hasta que empiece a dorarse.
A continuación, con el dorso de la espátula, presione la mezcla para formar una torta de patata. Cocine a fuego medio unos 10 minutos, hasta que se forme una costra en el fondo. Si lo desea, coloque la sartén bajo el gratinador 1 o 2 minutos para dorar la parte de arriba. Corte y sirva directamente de la sartén.

BOCADILLO DE AGUACATE Y RÚCULA CON «BEICON» DE TEMPEH

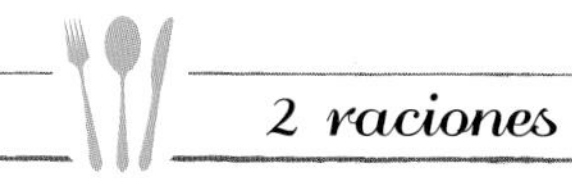

2 raciones

Para un desayuno consistente. Éste es mi homenaje al bocadillo que tomé una vez en un local de mi municipio natal: parecido a la tradicional combinación de beicon, lechuga y tomate, pero con «beicon» de tempeh y más verduras.

Prep.: 20 min | Cocción: 25 min

100 g de tempeh
2 cucharadas de salsa tamari
1 cucharada de jarabe de arce
2 panecillos ingleses de harina integral
mayonesa vegana
½ aguacate laminado
1 tomate laminado
20 g de rúcula
50 g de zanahoria rallada

1 Precaliente el horno a 190 °C.

2 Cueza el tempeh al vapor durante unos 20 minutos.

3 Mezcle la salsa tamari y el jarabe de arce en un plato apto para el horno. Lamine el tempeh al vapor y póngalo en el plato, dele la vuelta para que se unte bien. Hornee el tempeh durante 20 minutos, girándolo a media cocción. Gratínelo los dos últimos minutos para que quede crujiente, pero vigile para que no se queme.

4 Abra los panecillos por la mitad y tuéstelos. Úntelos con la mayonesa vegana y monte capas con el tempeh, el aguacate, el tomate, la rúcula y la zanahoria.

CALORÍAS (POR RACIÓN)	434
PROTEÍNAS	19,7 g
GRASA TOTAL	20,9 g
GRASAS SATURADAS	3,5 g
HIDRATOS DE CARBONO	49,1 g
FIBRA DIETÉTICA	9,2 g
AZÚCARES	14,2 g
VITAMINAS	B_6

«QUICHE» DE BRÓCOLI Y VERDURA

8 raciones / sin gluten

La quiche suele considerarse un plato para la cena, pero esta receta es ideal para un desayuno de domingo. No tiene costra, por lo que no requiere maniobras complicadas con la masa, y todo se mezcla en un bol, lo que facilita la limpieza posterior.

Prep.: 10 min | Cocción: 40 min

- 1 taza de hortalizas verdes variadas (col verde, acelgas, guisantes, trigueros, etcétera), troceadas
- 90 g de brócoli troceado
- 40 g de cebolla en dados
- 180 g de harina de garbanzos
- 2 cucharadas de levadura nutricional
- ¼ cucharadita de cúrcuma
- ½ cucharadita de sal marina
- ¼ cucharadita de albahaca seca
- ¼ cucharadita de tomillo seco
- ½ cucharadita de levadura en polvo
- 250 ml de agua
- 500 ml de caldo vegetal
- 1 cucharada de aceite de oliva

1. Precaliente el horno a 200 °C. Engrase ligeramente un molde redondo de 23 cm.

2. Lave y prepare las hortalizas y resérvelas.

3. En un cuenco grande, mezcle la harina de garbanzos, la levadura, la cúrcuma, la sal, la albahaca, el tomillo y la levadura en polvo. Añada los ingredientes líquidos y remueva bien. Agregue las hortalizas y vierta la mezcla en el molde.

4. Hornee 40 minutos o hasta que se dore la parte superior. Sirva caliente, aunque templada está igual de rica.

CALORÍAS (POR RACIÓN)	236
PROTEÍNAS	13 g
GRASA TOTAL	5,3 g
GRASAS SATURADAS	0,7 g
HIDRATOS DE CARBONO	36 g
FIBRA DIETÉTICA	10,7 g
AZÚCARES	6,6 g
VITAMINAS	B_6

GUARNICIONES VERDES Y TENTEMPIÉS

CANAPÉS DE PESTO DE PEPINO

8-10 raciones | sin gluten

El aspecto de estos bocaditos puede engañar. Aunque parezcan sofisticados, se tardan 5 minutos en prepararlos si se dispone del pesto ya elaborado. Son ideales para una fiesta en el jardín a media tarde o cuando los amigos nos visitan.

Preparación: 10 min

1 pepino
un puñado de brotes de guisantes
60 ml de Pesto de col verde y nueces (p. 74)
un pimiento rojo en tiras pequeñas

1 Corte el pepino en rodajas de medio centímetro de grosor y los brotes de guisante en tiras de 5 cm.

2 Cubra cada rodaja con una cucharadita de pesto, y decore con los brotes de guisante y las tiras de pimiento.

CALORÍAS (POR RACIÓN)	31
PROTEÍNAS	1,2 g
GRASA TOTAL	1,7 g
GRASAS SATURADAS	0 g
HIDRATOS DE CARBONO	3,4 g
FIBRA DIETÉTICA	0,9 g
AZÚCARES	0,8 g
VITAMINAS	A, B_6, C, K

TOSTADITAS CON CREMA DE GUISANTES

4-6 raciones / con opción sin gluten

Tal vez resulte laborioso pelarlos, pero vale la pena hacerlo para conseguir un puñado de guisantes frescos. Los más tiernos son más dulces, por lo que son ideales para elaborar esta crema. Utilice pan o tostadas sin gluten para adaptar la receta.

Prep.: 10 min | Cocción: **5 min**

150 g de guisantes frescos pelados
85 g de anacardos crudos
1 diente de ajo
½ cucharada de aceite de oliva virgen, y un poco más para untar
zumo de ½ limón
½ cucharadita de sal marina
1 baguette integral
hojas de albahaca en tiras para decorar
(véase imagen, página anterior)

1 Coloque los guisantes y anacardos en la batidora junto con el ajo, el aceite de oliva y el zumo de limón y triture hasta obtener una pasta de textura suave. Salpimiente al gusto y reserve.

2 Rebane la baguette y vierta en ambas caras de cada rebanada un poco de aceite de oliva. Caliente la plancha a temperatura media y tueste unos minutos, vigilando que no se quemen.

3 Ponga una cucharada de la pasta sobre cada tostadita, decore con la albahaca y sirva.

CONSEJO: Si no es temporada de guisantes, se puede elaborar la receta con guisantes congelados. Descongele 150 g de guisantes en un bol con agua caliente durante 5 minutos antes de preparar la crema.

CALORÍAS (POR RACIÓN)	124
PROTEÍNAS	4,5 g
GRASA TOTAL	7 g
GRASAS SATURADAS	1,3 g
HIDRATOS DE CARBONO	11,5 g
FIBRA DIETÉTICA	2 g
AZÚCARES	1,5 g
VITAMINAS	C

CHIPS DE COL VERDE «COOL RANCH»

4 raciones / sin gluten

Este plato es ideal para ofrecerlo a los que dicen que no les gustan las hortalizas de hojas verdes rizadas. Tras embadurnarla con un aliño cremoso y de sabor intenso, la verdura se hornea a baja temperatura hasta que se deshidrata y queda crujiente. La receta es para compartir entre cuatro, pero yo sola he acabado con ella.

Prep.: 15 min | Cocción: 60 a 80 min

1 manojo de hojas de col verde (alrededor de 450 g)
110 g de anacardos crudos, en remojo entre 4 y 6 horas
85 ml de agua
2 cucharadas de vinagre de manzana
1 cucharadita de ajo en polvo
1 cucharadita de eneldo seco
1 cucharadita de sal marina
¼ cucharadita de pimienta negra recién molida
2 cucharadas de perejil fresco picado
2 cucharadas de cebollino fresco picado

1 Precaliente el horno a 110 °C. Forre dos bandejas para galletas con papel vegetal.

2 Lave la col y, con un cuchillo afilado, corte el nervio grueso. Amontone las hojas y córtelas en trozos grandes. Seque suavemente con un trapo y reserve. (Cerciórese de secar bien la col, de lo contrario se arriesga a cocerla al vapor en lugar de obtener chips crujientes).

3 Escurra los anacardos. En la batidora, mézclelos con el agua, el vinagre, las especias, la sal y la pimienta, y triture hasta obtener una textura espesa y suave. Puede añadir más líquido a cucharadas, si es necesario.

4 Agregue a la mezcla el perejil y el cebollino. Mezcle la pasta de anacardos con la col en un cuenco grande y remueva bien para que todas las hojas se impregnen de ella. Extienda la col sobre las bandejas para el horno, formando una sola capa.

5 Hornee de 60 a 80 minutos con la puerta del horno ligeramente abierta. Recoloque la col pasados 45 minutos de cocción y gire las bandejas para que se tueste todo por igual. Vigile bien para que no se quemen los chips: deben tostarse ligeramente. Retire del horno y deje templar antes de lanzarse a ellos.

CALORÍAS (POR RACIÓN)	192
PROTEÍNAS	8,6 g
GRASA TOTAL	11,7 g
GRASAS SATURADAS	2,2 g
HIDRATOS DE CARBONO	18,3 g
FIBRA DIETÉTICA	5 g
AZÚCARES	3,9 g
VITAMINAS	A, C, K

HUMMUS DE ALUBIAS Y RÚCULA

8 raciones | sin gluten

La rúcula es de sabor tan intenso que este hummus es considerablemente fuerte, incluso sin añadirle el zumo de limón. El hummus casero es mucho mejor que el que se compra y sólo se tardan 5 minutos en prepararlo. De hecho, recomiendo que elabore inmediatamente esta receta para tener algo que picar mientras hojea el libro.

Preparación: 5 min

360 g de alubias blancas cocidas o envasadas, escurridas y lavadas
30 g de rúcula
3 cucharadas de tahina
2 cucharadas de aceite de oliva
2 cucharadas de agua
½ cucharadita de sal marina

1 Añada todos los ingredientes en la batidora y tritúrelos hasta obtener una pasta suave. Puede reducir la cantidad de aceite y aumentar la de agua hasta conseguir la textura deseada.

CALORÍAS (POR RACIÓN)	214
PROTEÍNAS	11,6 g
GRASA TOTAL	6,9 g
GRASAS SATURADAS	1 g
HIDRATOS DE CARBONO	28,5 g
FIBRA DIETÉTICA	7,4 g
AZÚCARES	1,1 g
VITAMINAS	A, C, K

PEPINILLOS SALADOS

4 raciones / sin gluten

No hay nada peor que tener antojo de hamburguesa con pepinillo y encontrar vacío el bote de la nevera. He aquí una receta rápida para emular la conserva con unos pepinillos. Los pepinos Kirby tienen pocas semillas y muchos bultitos en la piel: son perfectos para aliñar.

Preparación: 15 min

½ cucharadita de sal marina
¼ de azúcar de caña sin refinar
85 ml de vinagre de arroz
4 pepinos Kirby
(véase imagen, p. 52, detrás)

1 En un bol, mezcle la sal, el azúcar y el vinagre, y remueva hasta que la sal y el azúcar se disuelvan. (Nota: Si utiliza vinagre de arroz condimentado, prescinda del azúcar).

2 Corte las puntas de los pepinos y córtelos a bastoncitos. Remójelos con el vinagre y remueva para que se impregnen. El vinagre no los cubrirá por completo. Déjelos en remojo 10 minutos, girándolos una o dos veces. Consérvelos en la nevera y consúmalos en dos días.

VARIANTES

Añada un pimiento jalapeño en tiras.
Añada una cucharadita de jengibre fresco rallado.
Añada tiras finas de cebolla roja.

CALORÍAS (POR RACIÓN)	61
PROTEÍNAS	1,7 g
GRASA TOTAL	0,6 g
GRASAS SATURADAS	0 g
HIDRATOS DE CARBONO	11,2 g
FIBRA DIETÉTICA	1,7 g
AZÚCARES	0 g
VITAMINAS	B_6, C

FALSAS PATATAS FRITAS AL PESTO

4 raciones | sin gluten

Estas falsas patatas fritas de polenta son de preparación fácil y gustan a todo el mundo. Se puede incluso preparar la polenta el día anterior y así sólo faltará cortarla y hornearla, pero hay que cerciorarse de que la bandeja quede bien sellada con papel film transparente para que no se seque.

Prep.: 75 min | Cocción: 30 min

875 ml de agua
sal marina
200 g de harina de maíz
60 ml de Pesto de col verde y nueces (p. 74)
aceite vegetal, para hornear

PARA EL ALIOLI PICANTE

125 ml de mayonesa vegana
1 cucharada de salsa picante Sriracha
un chorrito de zumo de lima fresca

CALORÍAS (POR RACIÓN)	349
PROTEÍNAS	5,7 g
GRASA TOTAL	17,8 g
GRASAS SATURADAS	1,7 g
HIDRATOS DE CARBONO	42,3 g
FIBRA DIETÉTICA	5,5 g
AZÚCARES	0 g
VITAMINAS	A

1 Forre dos bandejas de horno con papel vegetal. Ponga el agua a hervir en una olla mediana. Añada una pizca de sal y remueva para que se disuelva, luego vaya añadiendo la harina de maíz, sin dejar de remover.

2 Baje el fuego. Añada el pesto y siga removiendo hasta que la mezcla de polenta espese significativamente y se separe de los lados de la olla. Esto puede llevar entre 2 y 10 minutos.

3 Vierta la polenta en una de las bandejas y presione hasta obtener una capa de unos 2 cm de grosor; es pegajosa, por lo que conviene utilizar una espátula de silicona o hacerlo con las manos mojadas. Deje reposar 1 o 2 horas para que la polenta se asiente: puede meterla en la nevera para acelerar el proceso.

4 Una vez reposada, la polenta ya puede cortarse en forma de patatas fritas. Precaliente el horno a 220 °C, y corte la polenta con un cuchillo afilado o un cuchillo redondo para pizza.

5 Pase las falsas patatas fritas a la otra bandeja, úntelas ligeramente con aceite vegetal y métalas en el horno. Hornee 20 minutos, dando la vuelta a las patatas a media cocción, hasta que se doren y queden crujientes por fuera.

6 Mientras tanto, mezcle los ingredientes del alioli en un bol pequeño.

7 Retire las patatas del horno, espolvoréelas con una pizca de sal y sirva con el alioli picante.

CEBICHE DE CHAYOTE

4 raciones | sin gluten

El cebiche es un plato sudamericano de pescado crudo preparado en un adobo de zumo de limón y aceite de oliva que se sirve como aperitivo. Para adaptarlo a la dieta vegana, utilizamos chayote en lugar de pescado. Es un plato ligero y refrescante, ideal para servir acompañado de chips de tortilla sin gluten y unas cervezas frías.

Prep.: 70 min | Cocción: 3 min

1 chayote
½ pimiento naranja en dados
40 g de cebolla roja en dados pequeños
½ aguacate en dados
75 g de mango en dados
1 cucharada de cilantro picado
2 cucharadas de zumo de lima fresca
1 cucharada de zumo de naranja
1 cucharada de aceite de oliva
una pizca de sal marina

1 Corte el chayote por la mitad y retire el hueso. Pélelo, córtelo en dados y blanquee en agua hirviendo durante 3 minutos. Escurra y remoje con agua fría para detener la cocción.

2 En un bol grande, mezcle el chayote con el pimiento, la cebolla, el aguacate, el mango y el cilantro.

3 Mezcle el zumo de lima, el zumo de naranja, el aceite y la sal. Vierta sobre el cebiche y remueva. Cubra y deje reposar al menos durante una hora antes de servir. Si lo desea, puede decorar el plato con una o dos hojas de cilantro.

CALORÍAS (POR RACIÓN)	139
PROTEÍNAS	1,4 g
GRASA TOTAL	8,7 g
GRASAS SATURADAS	1,6 g
HIDRATOS DE CARBONO	15,9 g
FIBRA DIETÉTICA	4 g
AZÚCARES	10,1 g
VITAMINAS	A, B_6, C

ROLLITOS ESTIVALES DE MANGO, AGUACATE Y PEPINO

3 raciones | sin gluten

Combinar el mango con la cremosidad del aguacate y el crujiente pepino siempre da buen resultado. Estos rollitos de verano son perfectos para salir de picnic.

Prep.: 10 min | Cocción: 15 min

1 mango pequeño
½ aguacate
⅓ pepino inglés
6 cucharaditas de semillas de sésamo tostadas
6 hojas de papel de arroz
6 ramitas de cilantro
175 g de fideos de arroz cocidos

PARA LA SALSA

2 cucharadas de mantequilla de almendras
2 cucharadas de salsa tamari sin gluten
zumo de ½ lima
¼ cucharadita de jengibre en polvo
una pizca de pimienta negra

CALORÍAS (POR RACIÓN)	321
PROTEÍNAS	7,9 g
GRASA TOTAL	16,1 g
GRASAS SATURADAS	2,4 g
HIDRATOS DE CARBONO	38,1 g
FIBRA DIETÉTICA	5,2 g
AZÚCARES	5,3 g
VITAMINAS	B_6, C

1 Pele y corte el mango, el aguacate y el pepino en tiras finas y largas, y reserve con los fideos de arroz cocidos y el cilantro picado, listo para el relleno.

2 Prepare el espacio de trabajo con un trapo de cocina limpio, doblado por la mitad, y una sartén o molde de tarta poco hondo con 5 cm de agua caliente en su interior.

3 Sumerja una hoja de papel de arroz en el agua hasta que se ablande. Bastará con menos de 1 minuto. Retírela con cuidado y extiéndala sobre el trapo, procurando no romperla. Espolvoree encima una cucharadita de semillas de sésamo, seguida de una sexta parte de cada ingrediente del relleno en la parte inferior del papel. Doble los lados para encontrarse en el medio y enrolle como si fuera un burrito, metiendo hacia dentro todos los ingredientes. Repita con las seis hojas.

4 Para la salsa, mezcle todos los ingredientes en un bol pequeño. Rebaje con agua si es necesario, a cucharaditas, hasta conseguir una salsa suave y espesa.

ROLLOS DE COL, ZANAHORIA Y TEMPEH

6 raciones | sin gluten

Ésta es mi receta de col preferida: me encanta servirla en hojas de lechuga o enrollada en papel de arroz, e incluso sola en un bol. Si no dispone de tempeh, utilice tofu extrafirme en su lugar (salte el paso de la cocción al vapor), presionado con un trapo de cocina para que suelte el agua. Elija tempeh sin gluten si lo desea.

Prep.: 20 min | Cocción: 30 min

110 g de tempeh
1 lechuga Boston o Bibb
2 cucharadas de aceite de sésamo tostado
un trozo de 2,5 cm de jengibre pelado y picado
1 col china troceada
3 zanahorias peladas y en tiritas
2 cebollas tiernas troceadas
2 cucharadas de salsa tamari
1 cucharada de semillas de sésamo

PARA LA SALSA DE MISO CON SÉSAMO

2 cucharadas de tahina
1 cucharada de aceite de sésamo
2 cucharadas de miso blanco
½ cucharada de salsa picante
agua para aclarar

(véase imagen, página anterior)

CALORÍAS (POR RACIÓN)	183
PROTEÍNAS	8,5 g
GRASA TOTAL	12, 8 g
GRASAS SATURADAS	1,9 g
HIDRATOS DE CARBONO	12,4 g
FIBRA DIETÉTICA	3,8 g
AZÚCARES	4,8 g
VITAMINAS	A, B_6, C

1 Cueza el tempeh al vapor durante 20 minutos. Déjelo templar y luego córtelo en cubitos de 0,5 cm. Reserve.

2 Mientras se cuece el tempeh, prepare los rollitos de lechuga. Rompa unas hojas enteras de lechuga, lávelas y séquelas con cuidado con un trapo. Resérvelas hasta que esté preparado el relleno.

3 Para la salsa de miso con sésamo, mezcle la tahina, el aceite, la pasta de miso y la salsa picante en un platito. La mezcla resultante será espesa, por lo que conviene añadir agua a cucharadas hasta conseguir la consistencia deseada. Reserve.

4 Caliente el aceite de sésamo con el jengibre. Añada el tempeh y deje cocer a fuego medio alto hasta que se dore, de 5 a 7 minutos. Añada la col, las zanahorias y las cebollas, y remueva con cuidado para que no se derrame. Añada la salsa tamari, suba el fuego y cocine sin dejar de remover unos 2 o 3 minutos. La col quedará bien cocida y las zanahorias quedarán algo crujientes. Si todavía hay líquido en el cazo, siga cociendo hasta que se consuma.

5 Repita la mezcla en las hojas de lechuga, espolvoree con las semillas de sésamo y sirva con la salsa de miso con sésamo para mojar.

CONSEJO: Si no dispone de col china, utilice col de Milán.

DIENTE DE LEÓN SALTEADO CON LIMÓN Y PIÑONES

4 raciones | sin gluten

Un bocado de estas hojas y no volverá a ver de la misma forma estas molestas malas hierbas. Pero, por favor, no se ponga a recoger las del jardín de su vecino o del parque: podrían haber sido rociadas con sustancias químicas. Adquiéralas siempre en la tienda de comestibles o un productor de la zona, o recoja las de su jardín biológico.

Prep.: 5 min | Cocción: 7 min

450 g de hojas de diente de león (un manojo grande)
1 cucharada de aceite de oliva
2 cucharadas de zumo de limón
1 cucharada de sirope de agave
una pizca de copos de guindilla seca
sal marina y pimienta negra recién molida
20 g de piñones tostados
(véase imagen, página siguiente)

1 Lave y corte las hojas de diente de león en trozos de 7,5 cm, desechando los extremos duros de los tallos. Centrifugue o seque con un trapo.

2 Caliente el aceite en una sartén grande a fuego medio alto. Saltee las hojas hasta que empiecen a ablandarse, entonces agregue el zumo de limón, el agave y los copos de guindilla. Siga cociendo 2 minutos más sin dejar de remover, hasta que las hojas queden tiernas y bien cocidas.

3 Salpimiente ligeramente, pase a una bandeja de servir y añada los piñones por encima.

CONSEJO: Si nunca ha probado el diente de león, es posible que le sorprenda su toque amargo. Pero cuando se acostumbre a él, le encantará.

CALORÍAS (POR RACIÓN)	121
PROTEÍNAS	3,9 g
GRASA TOTAL	7,8 g
GRASAS SATURADAS	1 g
HIDRATOS DE CARBONO	12,4 g
FIBRA DIETÉTICA	4,3 g
AZÚCARES	2,2 g
VITAMINAS	A, B_6, C, K

COLCANNON DE DIENTE DE LEÓN

4-6 raciones | sin gluten

El Colcannon es un plato tradicional irlandés elaborado con puré de patata y col verde. Aquí se ofrece una versión del mismo enriquecida con hojas de diente de león. Si no dispone de esta planta, las hojas de mostaza son un buen sustituto.

Prep.: 10 min | Cocción: 20 min

- 900 g de patatas amarillas tipo Yukon Gold
- 3 cucharadas de mantequilla vegana
- 150 g de cebolla picada
- 150 g de hojas de diente de león (sin los tallos duros)
- 250 ml de leche de soja no edulcorada
- sal marina

1 Pele y trocee las patatas mientras pone agua con sal a hervir. Cueza en ella las patatas durante unos 15 minutos, hasta que se pinchen con facilidad con un tenedor. Escúrralas y vuelva a poner la olla al fuego.

2 Vierta la mantequilla en la olla y derrítala a fuego medio. Añada la cebolla y las hojas de diente de león y saltee hasta que se ablanden, durante unos 2 minutos. Eche de nuevo las patatas a la olla con la leche y cháfelo todo. Sale al gusto y sirva.

CALORÍAS (POR RACIÓN)	264
PROTEÍNAS	6,2 g
GRASA TOTAL	10,1 g
GRASAS SATURADAS	2,6 g
HIDRATOS DE CARBONO	39,6 g
FIBRA DIETÉTICA	4,3 g
AZÚCARES	4,4 g
VITAMINAS	A, B_6, C, K

HOJALDRE CON HINOJO Y HOJAS DE NABO

8-10 raciones

Me encantan los entrantes con hojaldre, tan fáciles de preparar. Este plato puede cortarse en cuadraditos como aperitivo para varias personas, o acompañarlo de una gran ensalada como cena ligera para cuatro.

Prep.: 5 min | Cocción: 25 min

1 cucharada de aceite de oliva virgen extra

½ bulbo de hinojo laminado

2 dientes de ajo picados

¼ de cebolla laminada

1 manojo de hojas de nabo troceadas

harina para extender la masa

un paquete de 400 g de masa de hojaldre vegana

sal marina y pimienta negra recién molida

1 Precaliente el horno a 190 °C. Forre una bandeja con papel vegetal.

2 Caliente el aceite de oliva en una sartén grande. Añada el hinojo y sofría unos minuto, hasta que se ablande. Agregue el ajo, la cebolla y las hojas de nabo. Siga sofriendo hasta que las hojas de nabo queden tiernas, unos 3 o 4 minutos. Salpimiente y retire del fuego.

3 Extienda la masa de hojaldre sobre una superficie enharinada hasta conseguir una forma rectangular de unos 25 × 38 cm y pásela a la bandeja del horno. Extienda por encima la mezcla de hinojo y hojas de nabo, dejando un margen de 2,5 cm alrededor para que la masa suba al cocerse. Coloque la bandeja en el horno y cueza de 15 a 20 minutos, hasta que la masa forme escamas y empiece a dorarse. Saque del horno, corte y sirva.

CONSEJO: Si no dispone de hojas de nabo, la mezcla de rúcula y espinacas (unas 4 tazas llenas sin apelmazar) es un buen sustituto.

CALORÍAS (POR RACIÓN)	196
PROTEÍNAS	3,4 g
GRASA TOTAL	12 g
GRASAS SATURADAS	5,9 g
HIDRATOS DE CARBONO	20,1 g
FIBRA DIETÉTICA	3,1 g
AZÚCARES	1,3 g
VITAMINAS	A, B_6, C, K

ZARU SOBA CON PEPINO Y CEBOLLA TIERNA

4 raciones | con opción sin gluten

Éste es un plato para compartir. Para la opción sin gluten, utilice fideos cien por cien alforfón, ya que muchos también contienen harina de trigo.

Prep.: 20 min | Cocción: 5 min

450 g de fideos tipo soba
½ pepino inglés en tiras
1 pimiento rojo en tiras
45 g de rábano japonés en rodajitas
2 cebollas tiernas picadas
1 cucharada de jengibre fresco rallado
1 cucharada de wasabi preparado
2 cucharadas de semillas de sésamo, y unas cuantas más para espolvorear
1 lámina de alga nori tostada, cortada en tiritas

PARA LA SALSA

375 ml de agua hirviendo
1 cucharada de pasta de miso blanca
60 ml de licor mirin
60 ml de salsa tamari
1 cucharada de vinagre de arroz
1 cucharadita de azúcar de caña sin refinar

CALORÍAS (POR RACIÓN)	512
PROTEÍNAS	20,6 g
GRASA TOTAL	5,2 g
GRASAS SATURADAS	0 g
HIDRATOS DE CARBONO	96,4 g
FIBRA DIETÉTICA	8,4 g
AZÚCARES	11,3 g
VITAMINAS	C

1 Cocine los fideos según las instrucciones del paquete. Escurra y aclare hasta que el agua salga limpia. Reserve sobre un trapo de cocina limpio para que se sequen.

2 Haga montoncitos con las hortalizas sobre una bandeja. Ponga las cebollas, el jengibre, el wasabi y las semillas de sésamo en platitos individuales.

3 Para la salsa, eche el agua hirviendo en un bol o taza. Añada la pasta de miso y mezcle para disolverla. En una sartén pequeña, lleve a ebullición el mirin, la salsa tamari, el vinagre y el azúcar. Cuando empiece a hervir, retire del fuego y mezcle con el caldo de miso.

4 Para servir, emplate varios montoncitos pequeños de fideos sobre cada esterilla de bambú o plato. Decore con unas tiras de alga nori y unas semillas de sésamo. Prepare un bol de salsa para cada comensal.

5 Cada comensal aliña su bol de salsas con la cebolla, el wasabi, el jengibre y las semillas de sésamo, a su gusto. Se toma un montoncito de fideos con los palillos y se moja en la salsa antes de comerlo. Se mojan las hortalizas en la salsa del mismo modo. Al finalizar la comida, se puede añadir agua caliente al bol de salsa y tomar lo que quede como caldo.

ROLLITOS DE BERZA CON «QUESO» DE ANACARDOS

4 raciones | sin gluten

Las hojas de berza son tan grandes y lisas que son perfectas para envolver rollitos. Estos rollitos están rellenos de hortalizas frescas y un rico y cremoso «queso» de anacardos, por lo que son ideales como bocado ligero.

Preparación: 10 min

4 hojas grandes de berza
2 zanahorias grandes laminadas
1 pimiento rojo o amarillo cortado en tiras finas
170 g de girasol germinado o brotes de guisante

PARA EL «QUESO» DE ANACARDOS

170 g de anacardos crudos, remojados durante 4 horas
1 cucharada de vinagre de ciruelas umeboshi
3-4 cucharadas de agua
pimienta negra recién molida

1 Para el «queso» de anacardos, enjuague y escurra los anacardos. Colóquelos en el vaso de la batidora con el vinagre y dos cucharadas de agua. Triture de 3 a 4 minutos, deteniéndose para limpiar los lados del vaso. Añada más agua, a cucharadas, hasta obtener una textura suave y espesa, como de requesón cremoso. Aderece al gusto con pimienta.

2 Lave y seque las hojas de berza. Una a una, retire el nervio central con un cuchillo. El extremo de cada hoja debe medir unos 7,5 cm.

3 Para montar los rollitos, extienda cada hoja y solape los dos extremos para cerrar el hueco del nervio central. Extienda una cuarta parte del queso de anacardos a unos 2,5 cm del borde inferior de cada hoja. Sobre el queso, añada una cuarta parte de las zanahorias, pimientos y brotes. Empezando por la parte inferior, enrolle las hojas, metiendo los bordes al hacerlo. Colóquelas boca abajo para que no se abran. Con un cuchillo de sierra, divida cada rollito en dos y sírvalos.

CALORÍAS (POR RACIÓN)	289
PROTEÍNAS	8,7 g
GRASA TOTAL	19,9 g
GRASAS SATURADAS	3,9 g
HIDRATOS DE CARBONO	23,3 g
FIBRA DIETÉTICA	4,6 g
AZÚCARES	6,1 g
VITAMINAS	A, B_6, C, K

FOCACCIA CON TOMATE Y CALABACÍN

8 raciones

La focaccia es una buena alternativa a la pizza, y resulta deliciosa si se toma caliente y mojada en un buen vinagre balsámico. Me encanta acompañarla de una gran ensalada y usarla para rebañar el plato.

Prep.: 1 h | Cocción: 15 a 18 min

1 cucharadita de azúcar granulado
250 ml de agua tibia
1 cucharadita de levadura activa
330 g de harina
1 cucharadita de sal marina, y un poco más para espolvorear
2 cucharadas de aceite de oliva virgen extra
75 g de tomates cherry, partidos por la mitad
½ calabacín, en finas rodajas
4 ramitas de tomillo fresco *(véase imagen, p. 46)*

CALORÍAS (POR RACIÓN)	187
PROTEÍNAS	4,7 g
GRASA TOTAL	4 g
GRASAS SATURADAS	0,6 g
HIDRATOS DE CARBONO	32,9 g
FIBRA DIETÉTICA	1,5 g
AZÚCARES	1,1 g
VITAMINAS	A, C, K

1 Empiece comprobando la levadura. Mezcle el azúcar con el agua tibia hasta que se disuelva, y desgrane la levadura por encima. Deje reposar 5 minutos, tras los cuales debe formarse espuma. Si no se forma, la levadura ya no es activa, por lo que deberá probar con levadura nueva.

2 Mezcle la harina con la sal. Agregue la mezcla de la levadura junto con una cucharada de aceite de oliva y remueva con una cuchara de madera hasta que se forme una masa pegajosa. Coloque la masa sobre una superficie enharinada y amásela hasta que quede suave y elástica, entre 5 y 7 minutos.

3 Coloque la masa en un cuenco ligeramente untado con aceite y gírela para que se unte por todos lados. Cubra con un trapo húmedo y déjelo en un lugar tibio para que leve durante 40 minutos. Debe doblar su tamaño.

4 Precaliente el horno a 200 °C. Coloque la masa en una bandeja untada con aceite. Presiónela y extiéndala hasta que adquiera un grosor de 1 a 2,5 cm. Haga agujeros con los dedos para atrapar charquitos de aceite, y luego unte con la restante cucharada de aceite de oliva. A continuación, coloque los tomates (con el corte hacia arriba), el calabacín, el tomillo y un buen pellizco de sal marina.

5 Hornee de 15 a 18 minutos, hasta que se dore. Sirva caliente.

CUSCÚS ISRAELÍ CON GUISANTES Y MENTA

4 raciones

Mi hermano Jamie es un buen cocinero y a menudo crea platos vegetarianos. Él preparó esta receta para mis padres y fue alabada con entusiasmo. Mi padre insistió para que la compartiera con el resto del mundo a través del presente libro. Es una delicia.

Prep.: 5 min | Cocción: 25 min

625 ml de caldo vegetal bajo en sodio
360 g de cuscús israelí
220 g de guisantes, frescos o descongelados
1 cucharada de menta fresca picada

1 Lleve el caldo vegetal a ebullición. Añada el cuscús, remueva rápidamente y baje el fuego y tape. Deje cocer 15 minutos.

2 Cuando queden 2 minutos de cocción, retire la tapa y agregue los guisantes. Tape de nuevo durante los 2 minutos restantes. Retire del fuego, deje reposar 5 minutos, ahueque con un tenedor, eche la menta y sirva. Puede decorar el plato con una ramita de menta si lo desea.

CALORÍAS (POR RACIÓN)	379
PROTEÍNAS	15,3 g
GRASA TOTAL	0,8 g
GRASAS SATURADAS	0 g
HIDRATOS DE CARBONO	75,6 g
FIBRA DIETÉTICA	7,2 g
AZÚCARES	3,1 g
VITAMINAS	C

RÁBANOS, CALABACÍN Y ESPÁRRAGOS A LA PARRILLA CON MAYONESA A LAS HIERBAS

4-6 raciones | sin gluten

No hay nada mejor que unas hortalizas frescas a la plancha o a la brasa. Este plato es rápido y fácil, y es un acompañamiento sabroso para su próxima cena en el patio. Si hace frío para comer fuera, prepare las verduras dentro, a la plancha.

Prep.: 5 min | Cocción: 10 min

6-8 rábanos
1 calabacín
12 espárragos trigueros
aceite de oliva
sal marina

PARA LA MAYONESA A LAS HIERBAS

250 ml de mayonesa vegana
10 g de albahaca fresca
2 ramitas de tomillo fresco
1 cucharada de perejil fresco
1 cucharada de cebollino fresco

1 Caliente la barbacoa. Corte las hojas de los rábanos, dejando entre 2,5 y 4 cm. Corte el calabacín en rodajas y quite los tallos leñosos de los espárragos. Coloque las hortalizas en un plato grande y rocíelas con aceite. Deles unas vueltas para que se impregnen bien y sálelas.

2 Cocine las verduras en la barbacoa con parrilla, sin taparlas, hasta que queden tiernas y empiecen a dorarse. Seguramente necesitará cocerlas en dos tandas: si es así, mantenga la primera tanda caliente en la rejilla para tal fin o en una bandeja untada con aceite cubierta con papel de aluminio.

3 Para la mayonesa, pique las hierbas aromáticas y mézclelas con la mayonesa vegana en un bol. Sirva junto con las hortalizas.

CONSEJO: No tire las hojas de rábano a la basura: aprovéchelas la próxima vez que prepare salsa pesto.

CALORÍAS (POR RACIÓN)	181
PROTEÍNAS	1,9 g
GRASA TOTAL	17 g
GRASAS SATURADAS	0,9 g
HIDRATOS DE CARBONO	7,5 g
FIBRA DIETÉTICA	2 g
AZÚCARES	1,9 g
VITAMINAS	C

CHUCRUT DE COL VERDE, BERZA Y COL

10 raciones | sin gluten

Elaborar la propia chucrut es fácil: sólo se necesitan hortalizas y sal. El truco consiste en conseguir que las verduras suelten suficiente agua durante el masaje con sal para que una vez metidas en el tarro queden completamente sumergidas. A partir de ahí, es cuestión de esperar hasta que el sabor sea fuerte a su gusto. Esta receta contiene un trío verde ganador, con col verde, berza y col.

Prep.: 20 min (más 3 días de reposo)

1 manojo de col verde y violeta
½ col
70 g de berza
1-2 cucharaditas de sal marina

CALORÍAS (POR RACIÓN)	33
PROTEÍNAS	2 g
GRASA TOTAL	0,1 g
GRASAS SATURADAS	0 g
HIDRATOS DE CARBONO	7,2 g
FIBRA DIETÉTICA	1,8 g
AZÚCARES	1,2 g
VITAMINAS	A, B_6, C, K

1 Desmenuce las hojas lo más pequeñas posible y colóquelas en un cuenco grande. Mézclelas con una buena cantidad de sal marina y empiece a amasarlas. Para esta acción se precisa fuerza de brazos, ya que hay que trabajar las hortalizas hasta que empiecen a soltar agua y seguir un poco más. La tarea puede requerir unos 10 minutos. Hay que obtener suficiente líquido para que las hortalizas queden sumergidas una vez se envasen.

2 Meta las hojas con el jugo en un tarro o cuenco de cristal (no metal) y presiónelas. Coloque un segundo tarro o cuenco más pequeño encima para mantener las hojas sumergidas. Cubra con un trapo y deje reposar en un lugar templado durante tres días.

3 Compruebe cada día que las hojas siguen sumergidas en el líquido, y pruebe la conserva. Cuando la encuentre a su gusto, puede detener el proceso de fermentación metiéndola en la nevera. Si se ha formado moho en la parte superior, retírelo: es inocuo.

4 Disfrute de la chucrut como condimento, en ensalada o para rematar un bocadillo, o directamente del tarro. Si el producto terminado le resulta demasiado salado, enjuáguelo ligeramente con agua tibia antes de tomarlo.

COL CHINA AL AJO PICANTE

4 raciones | sin gluten

Es difícil que salga mal la mezcla de aceite de sésamo, ajo y guindilla. Esta receta es ideal para preparar verduras y quedar saciado rápidamente. Si no tiene col china, no se preocupe, cualquier verdura de hoja verde puede sustituirla. Si utiliza un vegetal más duro, como col china grande, hojas yu choy o brócoli chino, aumente el tiempo de cocción con tapa unos 3 o 4 minutos.

Prep.: 5 min | Cocción: 7 min

4 coles chinas pequeñas
1 cucharada de semillas de sésamo tostadas
2 cucharadas de aceite de sésamo
2 dientes de ajo
1 cucharadita de salsa picante o de guindilla
1 cucharada de salsa tamari sin gluten

1 Parta las coles chinas por la mitad a lo largo y lávelas bien. Déjelas en un colador para que se escurran, pero deben conservar algo de humedad.

2 Si las semillas de sésamo están crudas, tuéstelas en una sartén a fuego medio alto unos 2 o 3 minutos. Remueva sin parar y cuando empiecen a dorarse, retírelas del fuego y resérvelas.

3 Caliente el aceite a fuego medio alto en una sartén grande. Pique el ajo y agréguelo al aceite, removiendo para que no se queme. Añada las coles chinas a la sartén, con el corte hacia abajo para que se tueste. Dele la vuelta pasados 30 segundos para tostar el otro lado.

4 Mezcle la salsa picante con la salsa tamari. Vierta la mezcla sobre las verduras, remueva brevemente, tape y deje que se cuezan 2 o 3 minutos más. Compruebe la cocción de la col pinchando el tallo con un tenedor: si está tierna, está lista. Emplate y espolvoree con semillas de sésamo al servir.

CALORÍAS (POR RACIÓN)	189
PROTEÍNAS	13,6 g
GRASA TOTAL	9,6 g
GRASAS SATURADAS	1,4 g
HIDRATOS DE CARBONO	19,8 g
FIBRA DIETÉTICA	8,7 g
AZÚCARES	9,9 g
VITAMINAS	A, B_6, C

PESTO DE COL VERDE Y NUECES

4 raciones | sin gluten

Este pesto de col verde y nueces resulta delicioso cuando se combina con ñoquis.

Preparación: 5 min

140 g de col verde, sin tallos leñosos
45 g de hojas de albahaca fresca
50 g de nueces crudas
2 cucharadas de aceite de oliva
2 cucharadas de zumo de limón
2 cucharadas de levadura nutricional
1 diente de ajo
½ cucharadita de sal marina
pimienta negra recién molida

1 Coloque todos los ingredientes en la batidora y triture hasta conseguir una pasta de textura suave, deténgala para limpiar los lados del vaso si es necesario. Rectifique de sal y pimienta al gusto.

CALORÍAS (POR RACIÓN)	178
PROTEÍNAS	6,8 g
GRASA TOTAL	14,8 g
GRASAS SATURADAS	1,5 g
HIDRATOS DE CARBONO	7,9 g
FIBRA DIETÉTICA	2,9 g
AZÚCARES	0 g
VITAMINAS	A, C, K

PESTO DE ACELGAS Y CILANTRO

4 raciones | sin gluten

¿Quién dice que el pesto debe llevar albahaca? Esta receta de pesto poco tradicional ofrece un sorprendente cambio. Tampoco lleva frutos secos, por lo que es apto para alérgicos.

Preparación: 5 min

70 g de hojas de acelga
45 g de cilantro fresco, con hojas y tallos
70 g de semillas de girasol crudas
2 cucharadas de aceite de oliva virgen extra
2 cucharadas de zumo de limón
2 cucharadas de levadura nutricional
½ cucharadita de sal marina
pimienta negra recién molida

1 Coloque todos los ingredientes en la batidora y triture hasta conseguir una pasta de textura suave, deténgala para limpiar los lados del vaso si es necesario. Rectifique de sal y pimienta al gusto.

CALORÍAS (POR RACIÓN)	119
PROTEÍNAS	4,1 g
GRASA TOTAL	10,4 g
GRASAS SATURADAS	1,4 g
HIDRATOS DE CARBONO	4,7 g
FIBRA DIETÉTICA	2,4 g
AZÚCARES	0,6 g
VITAMINAS	A, C, K

SOPAS Y ENSALADAS

SOPA CREMOSA DE ESPÁRRAGOS

4 raciones | sin gluten

Siempre sonrío cuando veo llegar espárragos a la tienda de alimentación porque significa que la primavera está en camino. La sopa de espárragos es una manera sencilla de pasar de una estación a la siguiente, y esta versión no láctea se prepara con una rica y lujosa «nata» de anacardos.

Prep.: 10 min | Cocción: 25 min

2 cucharadas de aceite de oliva
1 puerro, limpio y cortado en trozos de 2,5 cm
675 g de espárragos
1 l de caldo vegetal o caldo de «pollo» vegano
2 cucharadas de zumo de limón
½ cucharadita de sal marina
¼ de cucharadita de pimienta negra recién molida
55 g de anacardos crudos, en remojo durante al menos 4 horas
85 ml de agua
2 cucharaditas de cebollino fresco picado, para servir
(véase imagen, página siguiente, delante)

1 Caliente el aceite a fuego medio en una cazuela mediana. Añada el puerro y sofría hasta que se ablande, unos 10 minutos.

2 Rompa los extremos leñosos de los espárragos y córtelos en trozos de 5 cm. Agréguelos a la cazuela con el caldo, el zumo de limón, la sal y la pimienta. Lleve la mezcla al punto de ebullición, luego baje el fuego y poche durante unos 10 minutos, hasta que los espárragos queden tiernos.

3 Retire 50 g de puntas de espárragos y resérvelas. Con la batidora, de mano o de vaso, triture la sopa hasta hacerla puré.

4 Escurra los anacardos del agua del remojo. Añada 80 ml de agua nueva a los anacardos y triture hasta obtener una textura suave. Agregue esta «nata» a la sopa, remueva bien y lleve de nuevo al punto de ebullición. Retire del fuego y sirva en cuencos poco hondos decorados con las puntas de espárragos reservadas y el cebollino.

CALORÍAS (POR RACIÓN)	229
PROTEÍNAS	11,2 g
GRASA TOTAL	15,1 g
GRASAS SATURADAS	2,8 g
HIDRATOS DE CARBONO	15,6 g
FIBRA DIETÉTICA	4,5 g
AZÚCARES	5,8 g
VITAMINAS	A, C, K

POTAJE DE APIO, LENTEJAS Y TOMATES VERDES

4-6 raciones | sin gluten

La primera vez que preparé esta sopa era a finales de verano, cuando un amigo se presentó con tomates verdes de su huerto, recogidos para salvarlos de una helada.

Prep.: 10 min | Cocción: 35 min

- 2 cucharadas de aceite de oliva
- 1 cebolla mediana en dados
- 4 ramas de apio troceadas
- 2 dientes de ajo picados
- 540 g de tomates verdes troceados
- 2 cucharaditas de tomillo fresco
- 1 cucharadita de romero seco
- 1 cucharadita de sal marina
- 200 g de lentejas Verdina o du Puy, lavadas
- zumo de ½ limón
- 1 l de caldo vegetal
- 10 g más 1 cucharada de perejil fresco picado

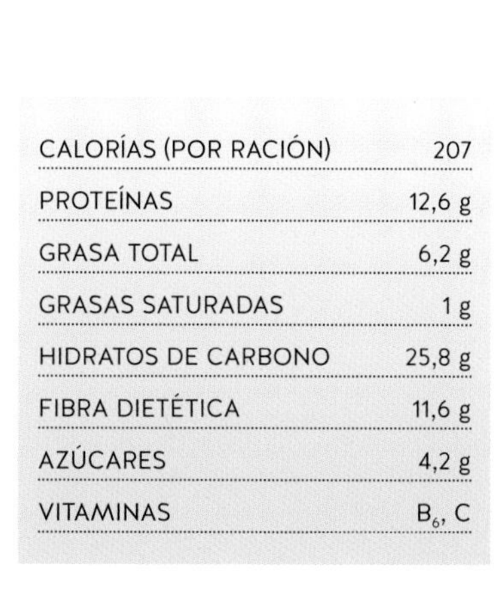

CALORÍAS (POR RACIÓN)	207
PROTEÍNAS	12,6 g
GRASA TOTAL	6,2 g
GRASAS SATURADAS	1 g
HIDRATOS DE CARBONO	25,8 g
FIBRA DIETÉTICA	11,6 g
AZÚCARES	4,2 g
VITAMINAS	B_6, C

1 En una olla, caliente el aceite de oliva a fuego medio y sofría la cebolla hasta que quede translúcida, unos 5 minutos. Añada el apio y el ajo y sofría 1 o 2 minutos más, luego incorpore los tomates, el tomillo, el romero y la sal. Siga cociendo otros 5 a 7 minutos, hasta que se ablanden.

2 Agregue las lentejas, el zumo de limón y el caldo, y lleve al punto de ebullición. Baje el fuego, mezcle con el potaje 10 g de perejil y deje pochar sin tapar durante 20 o 30 minutos, hasta que las lentejas estén tiernas. Añada más líquido si es necesario para alargar el caldo. Decore con el resto del perejil y sirva.

SOPA DE TORTILLA MEXICANA

4-6 raciones | sin gluten

Hasta hace pocos años, nunca había tomado sopa de tortilla, ya que las versiones de los restaurantes no son veganas. Ahora que la he probado, me cuesta imaginar cómo he sobrevivido tanto tiempo sin ella. Esta versión sin carne es ahumada, bien aderezada y culmina con cremoso aguacate y crujientes tiras de tortillas de maíz.

Prep.: 5 min | Cocción: 25 min

- 1 pimiento choricero
- 1 cucharada de aceite de oliva, más 1 cucharadita para decorar
- 1 cebolla pequeña en dados
- 400 g de tomates asados en lata, en dados
- 1,125 l de caldo vegetal o caldo de «pollo» vegano
- 1 pimiento jalapeño, sin pepitas y troceado
- 170 g de alubias negras cocidas (escurridas y enjuagadas, si son de tarro)
- 4 tortillas de maíz
- sal marina
- 1 aguacate
- 1 lima
- 10 g de cilantro
- 60 g de espinacas «baby»

CALORÍAS (POR RACIÓN)	297
PROTEÍNAS	13,3 g
GRASA TOTAL	11,8 g
GRASAS SATURADAS	2,4 g
HIDRATOS DE CARBONO	36,3 g
FIBRA DIETÉTICA	10 g
AZÚCARES	3,8 g
VITAMINAS	B_6

1 Remoje con 250 ml de agua el pimiento seco en un plato y reserve.

2 En una olla, caliente una cucharada de aceite de oliva a fuego medio, y añada la cebolla. Sofría hasta que se ablande, unos 5 minutos. Escurra el pimiento y raspe la carne del mismo. Añádalo a la cebolla, junto con dos tercios del tomate en lata, y remueva. Con una batidora de mano, triture el contenido de la olla hasta conseguir una textura suave. También puede hacerlo con una batidora de vaso y volver a echar la sopa a la olla.

3 Añada el resto de tomates, el caldo, el jalapeño y las alubias negras, y ponga a hervir. Baje el fuego y poche durante 10 minutos.

4 Mientras tanto, precaliente el horno a 180 °C. Amontone las tortillas y córtelas por la mitad; a continuación, córtelas en tiras de 1 cm de ancho. Coloque las tiras en una bandeja de hornear y riegue con una cucharada de aceite. Hornee de 8 a 10 minutos, luego retire del horno y espolvoree con un poco de sal marina mientras estén calientes.

5 Pele el aguacate y córtelo en dados. Exprima el jugo de media lima sobre el mismo para que no se oxide. Corte el resto de la lima a gajos. Lave y seque el cilantro.

6 Cuando esté lista para servir, añada las espinacas a la sopa y deje que se ablanden. A continuación, sirva la sopa en cuencos poco hondos. Decore con las tiras de tortilla, el aguacate y el cilantro, y coloque un gajo de lima a un lado.

SOPA DE MISO AL LIMÓN CON BRÓCOLI CHINO

4 raciones | sin gluten

El zumo de limón alegra esta sopa de miso, y el brócoli chino aporta un sabor vibrante y nutritivo, rico en vitaminas A, C, K, ácido fólico y fibra dietética. Añada sus fideos preferidos para convertirla en un plato completo.

Prep.: 10 min | Cocción: 10 min

- 55 g de pasta blanca de miso
- 1,5 l de agua
- 2 cucharadas de zumo de limón
- 135 g de brócoli chino troceado
- 35 g de champiñones laminados
- 35 g de setas enoki
- 1 cebolla tierna picada para servir
- rodajas finas de limón para servir

CALORÍAS (POR RACIÓN)	45
PROTEÍNAS	4,3 g
GRASA TOTAL	1,3 g
GRASAS SATURADAS	0,5 g
HIDRATOS DE CARBONO	8,5 g
FIBRA DIETÉTICA	0,8 g
AZÚCARES	3,4 g
VITAMINAS	A, C, K

1 Mezcle la pasta miso con 250 ml de agua caliente en un bol pequeño hasta que se disuelva. Vierta esta mezcla en una olla junto con el resto del agua y el zumo de limón, y deje cocer a fuego medio justo por debajo del punto de ebullición. Añada el brócoli y las setas y poche entre 5 y 7 minutos, hasta que el brócoli quede tierno.

2 Sirva la sopa en cuencos y decore con la cebolla tierna y una rodaja de limón.

CONSEJO: Si no dispone de brócoli chino, utilice brócoli normal u opte por otra verdura y elabore la receta con 100 g de acelgas.

ESTOFADO DE ACELGAS Y FARRO

4-6 raciones

Éste es el tipo de plato que apetece un día frío de invierno. Si tuviera una nona italiana, creo que daría el visto bueno a esta sopa. Si el farro que utiliza no ha sido parcialmente cocido, deberá aumentar el tiempo de cocción a 40 minutos o hasta que esté listo.

Prep.: 5 min | Cocción: 25 min

1 cucharada de aceite de coco
1 cebolla en dados
2 dientes de ajo picados
160 g de farro (parcialmente cocido)
900 ml de caldo vegetal
400 g de tomates en lata en dados
½ manojo de acelgas (unos 140 g de hojas y tallos)
sal marina y pimienta negra recién molida

(véase imagen, página siguiente, delante)

1 Caliente el aceite de coco en una olla a fuego medio. Añada la cebolla y el ajo y sofría durante 5 minutos, removiendo para que el ajo no se queme. Agregue el farro, mezcle bien y siga cociendo durante 1 minuto.

2 Añada el caldo y los tomates. Deje pochar, tape la olla y deje cocinar durante 10 minutos.

3 Mientras la sopa se cuece, prepare las acelgas. Corte los tallos y trocéelos. Amontone las hojas de cuatro en cuatro y enróllelas hasta formar una especie de puro prieto. Corte en juliana para obtener tiras largas. Retire la tapa de la olla y eche los tallos de las acelgas. Cocine hasta que queden tiernos, unos 4 o 5 minutos. Añada las hojas, aderece al gusto, remueva y deje cocer 2 minutos más. Sirva caliente con pan crujiente.

CALORÍAS (POR RACIÓN)	167
PROTEÍNAS	7,3 g
GRASA TOTAL	3,6 g
GRASAS SATURADAS	2,2 g
HIDRATOS DE CARBONO	26,5 g
FIBRA DIETÉTICA	3,6 g
AZÚCARES	3,7 g
VITAMINAS	A, B_6, C, K

SOPA CRUDA DE VERANO

3-4 raciones | sin gluten

Cuando hace demasiado calor para cocinar, una sopa fría resulta ideal. Esta es saciante, gracias al aguacate, y es rica en vitaminas. Acompañada de una buena ensalada de temporada, constituye un almuerzo perfecto para un día de pleno verano.

Preparación: 10 min

2 aguacates
1 pimiento dulce (de cualquier color), sin pepitas ni membranas
1 pepino
60 g de hojas tiernas (de espinaca, col verde, rúcula, etcétera)
2-3 cucharadas de albahaca fresca
zumo de 1 lima
agua
brotes de verduras para servir
(véase imagen, p. 85, detrás)

CALORÍAS (POR RACIÓN)	143
PROTEÍNAS	3,3 g
GRASA TOTAL	10,7 g
GRASAS SATURADAS	1,6 g
HIDRATOS DE CARBONO	12 g
FIBRA DIETÉTICA	6,4 g
AZÚCARES	3,3 g
VITAMINAS	A, B_6, C, K

1 Eche el aguacate, el pimiento, el pepino, las hojas tiernas y la albahaca al vaso de la batidora junto con el zumo de lima y 120 ml de agua, y triture hasta obtener una textura suave. Añada más agua, cucharada a cucharada, hasta conseguir una sopa espesa. Sirva inmediatamente, decorado con brotes de verduras, o conserve en el frigorífico hasta 4 horas.

CONSEJO: Pruebe a variar las hojas tiernas y las hierbas aromáticas de esta receta, en función de lo que recoja del huerto o encuentre en el mercado. Las combinaciones son infinitas (¡y deliciosas!): mezcle col verde con eneldo, o espinacas y cebollino.

SOPA DE ALUBIAS BLANCAS Y VERDURAS

2-4 raciones | sin gluten

Esta sopa aterciopelada es rica en proteínas, gracias a su contenido en alubias, y ofrece un triplete lleno de energía: berza, espinacas y brócoli.

Prep.: 10 min | Cocción: 15 min

1 cucharada de aceite de oliva
2 escalonias troceadas
400 g de alubias blancas (de riñón, Cannellini, etcétera) en conserva, lavadas y escurridas
750 ml de caldo vegetal o agua
2 cucharadas de levadura nutricional
1 cucharadita de romero fresco
2 hojas grandes de berza troceadas
30 g de espinacas troceadas
90 g de flores de brócoli troceadas
sal marina y pimienta negra recién molida

CALORÍAS (POR RACIÓN)	186
PROTEÍNAS	13,3 g
GRASA TOTAL	5 g
GRASAS SATURADAS	0,9 g
HIDRATOS DE CARBONO	22,7 g
FIBRA DIETÉTICA	10,1 g
AZÚCARES	1,7 g
VITAMINAS	A, C, K

1 Caliente el aceite en una olla o cazuela a fuego medio alto. Añada las escalonias y deje cocer hasta que queden blandas, durante unos 3 minutos. Añada las alubias, el caldo, la levadura y el romero y lleve al punto de ebullición. Baje el fuego y deje cocer entre 5 y 7 minutos.

2 Con una batidora de vaso o de brazo (a tandas), triture hasta hacer puré. Devuelva la sopa a la olla y recupere el punto de ebullición. Agregue las hojas verdes y deje cocer 5 minutos, o hasta que el brócoli pueda pincharse bien con un tenedor. Salpimiente al gusto y sirva la sopa decorada con una ramita de romero.

SOPA DAHL CON CURRY Y ACELGAS

6 raciones / sin gluten

Prepárese para la calidez de las especias de esta sopa india, en la que el zinc y el calcio de las acelgas se mezclan con el jengibre y las lentejas. Las lentejas rojas son de cocción tan rápida que este plato puede estar listo en 20 minutos.

Prep.: 5 min | Cocción: 20 min

400 g de lentejas rojas lavadas
2 cucharadas de jengibre fresco picado
1,5 l de agua
½ manojo de acelgas
3 cucharadas de aceite de oliva virgen extra
1 cebolla pequeña troceada
3 cucharaditas de sal marina
2 cucharaditas de cúrcuma
1 cucharadita de comino en polvo
1 cucharadita de cilantro en polvo
1 zanahoria grande troceada
3 cucharadas de concentrado de tomate
400 ml de leche de coco en lata
2 cebollas tiernas troceadas

CALORÍAS (POR RACIÓN)	458
PROTEÍNAS	19,8 g
GRASA TOTAL	22,2 g
GRASAS SATURADAS	13,7 g
HIDRATOS DE CARBONO	48,8 g
FIBRA DIETÉTICA	22,2 g
AZÚCARES	3,9 g
VITAMINAS	A, B_6, C, K

1 Ponga a hervir las lentejas en una olla o cazuela grande junto con el jengibre y el agua, a fuego medio. Tape la olla y baje el fuego, y poche unos 12 minutos, hasta que las lentejas estén al dente.

2 Mientras tanto, corte los tallos de las acelgas y trocéelos. Amontone las hojas de cuatro en cuatro y enróllelas en forma de puro. Corte finamente para obtener largas tiritas verdes.

3 Caliente el aceite en una sartén pequeña y sofría la cebolla hasta que empiece a dorarse. Añada la sal y las especias y deje cocer 1 minuto, sin parar de remover. Eche este sofrito a la olla junto con los tallos de las acelgas, la zanahoria, el concentrado de tomate y la leche de coco, y remueva bien. Haga hervir la sopa de nuevo durante unos 5 minutos, luego añada las hojas de acelga y deje cocer otros 3 o 4 minutos, hasta que las lentejas queden blandas y se rompan. Sirva en boles con la cebolla tierna por encima.

CONSEJO: Al reposar, esta sopa espesa y se convierte en un delicioso guiso. Disfrute de las sobras con su cereal preferido o bien aclárela con más agua o un poco de caldo vegetal.

MI ENSALADA DE CUATRO INGREDIENTES

2-3 raciones | sin gluten

Es una afirmación contundente, pero esta ensalada no decepciona. Con sólo cuatro ingredientes, es la simplicidad llevada a la perfección. Se basta a sí sola por su gran sabor, pero lo mejor de esta ensalada es que puede ser la base de mucho más: añádale tofu a la plancha, garbanzos, hortalizas, semillas y frutos secos, ¡lo que se le antoje! Creo que pronto se convertirá también en su ensalada predilecta.

Preparación: 10 min

420 g de col verde
1 aguacate
1 cucharada de vinagre umeboshi
2 cucharadas de levadura nutricional

1 Lave y seque la col. Retire los nervios duros con un cuchillo afilado y amontone las hojas para trocearlas en tiras. Colóquelas en un cuenco grande de ensalada y añada el aguacate. Chafe el aguacate con un tenedor y después, con las manos, mézclelo con la col, realizando un masaje. Prolongue esta acción unos cuantos minutos, hasta que la col se ablande y reduzca su volumen.

2 Rocíe con el vinagre y espolvoree con la levadura nutricional. Remueva la ensalada y sirva.

CONSEJO: No se salte el paso del masaje. Al hacerlo, las hojas absorben el aceite y se reduce la dureza de la textura de la col, cosa que la hace más agradable al comerla cruda.

CALORÍAS (POR RACIÓN)	226
PROTEÍNAS	8,3 g
GRASA TOTAL	13,4 g
GRASAS SATURADAS	2,8 g
HIDRATOS DE CARBONO	22,8 g
FIBRA DIETÉTICA	8,2 g
AZÚCARES	0 g
VITAMINAS	A, B_6, C, K

ENSALADA GOMAE DE ESPINACAS

4 raciones | sin gluten

Cuando vivía en Vancouver, acudía a una tienda de sushi al menos dos veces a la semana para comprarme un rollito de aguacate y una ensalada gomae de espinacas. Me obsesioné con la ensalada y me empeñé en recrearla. Utilizo tahina en lugar de elaborar mi propia pasta de sésamo, cosa que acelera la preparación.

Prep.: 5 min | Cocción: 5 min

450 g de espinacas frescas lavadas
85 g de tahina
60 ml de salsa tamari sin gluten
1 cucharada de aceite de sésamo
agua
2 cucharadas de semillas de sésamo tostadas
(véase imagen inferior, delante)

1 Ponga agua a hervir en una olla grande y sumerja las espinacas en ella brevemente, para cocerlas tan sólo durante unos 10 o 20 segundos. Escúrralas y échelas en un bol con agua y hielo para detener la cocción. Escúrralas de nuevo.

2 Tome las espinacas por los tallos y sacúdalas suavemente para deshacerse del exceso de agua. Trocee en tercios (o cuartos si los tallos son muy largos) y coloque en un bol.

3 Mezcle la tahina, la salsa tamari y el aceite de sésamo con una cantidad suficiente de agua para preparar una vinagreta espesa; entre 2 y 3 cucharadas deberían bastar.

4 Mezcle las espinacas con tres cuartas partes de la vinagreta con el fin de embadurnar con ella todas las hojas.

5 Divida la ensalada en cuatro platos y rocíe con el resto de la vinagreta. Espolvoree con semillas de sésamo y sirva.

CALORÍAS (POR RACIÓN)	212
PROTEÍNAS	9,3 g
GRASA TOTAL	16,9 g
GRASAS SATURADAS	2,4 g
HIDRATOS DE CARBONO	10,4 g
FIBRA DIETÉTICA	5 g
AZÚCARES	0,9 g
VITAMINAS	A, C, K

ENSALADA DE HOJAS DE REMOLACHA, PERA Y NUECES

2-3 raciones | sin gluten

El dulzor de la pera y las nueces caramelizadas son un gran contraste con las hojas de remolacha. Además del toque dulce y crujiente de las nueces recubiertas de jarabe de arce, aportan una buena dosis de ácidos grasos omega-3 cardiosaludables.

Prep.: 5 min | Cocción: 1 h

1 manojo de remolacha con hojas (entre 3 y 5 remolachas)
90 g de hojas variadas para ensalada
2 cucharadas de jarabe de arce
50 g de nueces
2 cucharadas de aceite de oliva
1 cucharada de vinagre balsámico
1 cucharadita de mostaza Dijon
1 cucharadita de zumo de limón
1 pera sin corazón y en láminas
sal marina y pimienta negra recién molida
(véase imagen, página anterior, detrás)

CALORÍAS (POR RACIÓN)	316
PROTEÍNAS	7,3 g
GRASA TOTAL	19,4 g
GRASAS SATURADAS	1,9 g
HIDRATOS DE CARBONO	33,1 g
FIBRA DIETÉTICA	5,3 g
AZÚCARES	19,4 g
VITAMINAS	C

1 Precaliente el horno a 200 °C. Corte las hojas de remolacha aproximadamente a 2,5 cm del tubérculo. Lave las remolachas y envuélvalas en papel de aluminio (si son muy pequeñas, puede envolverlas juntas) y métalas en el horno entre 50 y 60 minutos, o hasta que se pinchen fácilmente con un tenedor. Una vez enfriadas, retíreles la piel frotando con papel de cocina (para no mancharse las manos) y trocéelas.

2 Mientras se asan las remolachas, prepare el resto de los ingredientes. Corte y tire los tallos duros de las hojas de remolacha y lave y seque las hojas. Haga trozos de unos 5 cm.

3 Caramelice las nueces calentando el jarabe de arce en una sartén pequeña a fuego medio alto hasta que empiece a burbujear. Agregue las nueces y mezcle para que se impregnen del jarabe. Siga cociendo y removiendo durante 4 o 5 minutos, hasta que el jarabe caramelice las nueces y quede listo. Retire del fuego. Las nueces estarán pegajosas, pero intente separarlas con la espátula, espolvoréelas con una pizca de sal marina y déjelas en la sartén para que se enfríen y endurezcan.

4 Mezcle el aceite de oliva, el vinagre balsámico, la mostaza y el zumo de limón, y salpimiente al gusto.

5 Para montar la ensalada, coloque las hojas de remolacha, las nueces y la pera en una ensaladera. Añada la vinagreta y mezcle bien. La remolacha troceada lo teñirá todo de rosa (a menos que utilice remolacha azucarera o de raíz dorada); para evitarlo, añádala al final.

ENSALADA DE JUDÍAS VERDES Y MANGO

6 raciones | sin gluten

Cuando salgo a tomar comida tailandesa, siempre pido ensalada de mango, pero me gustaría que llevara más hortalizas, además de una o dos ramitas de cilantro. Esta ensalada lo soluciona y está enriquecida con los folatos de las judías verdes.

Prep.: 10 min | Cocción:5 min

- 450 g de judías verdes
- 2 mangos poco menos que maduros
- 150 g de tomates cherry, partidos por la mitad
- 10 g de cilantro fresco
- 3 cebollas tiernas en rodajas
- 35 g de cacahuetes chafados
- 1 cucharada de aceite vegetal
- 2 cucharadas de zumo de lima
- 1 cucharada de salsa tamari sin gluten
- ½ cucharadita de azúcar de caña sin refinar
- 1 pimiento tailandés fresco picado (opcional)

(véase imagen inferior, izquierda)

1 Ponga agua a hervir. Añada las judías verdes y déjelas cocer 2 minutos, hasta que tengan un color verde vivo y sigan crujientes. Escúrralas y métalas en un cuenco con agua y hielo para detener la cocción. Escúrralas de nuevo. Corte los extremos y pártalas por la mitad. Colóquelas en un bol grande y reserve.

2 Pele el mango y córtelo en tiras largas y delgadas. Añádalo a las judías, junto con los tomates, el cilantro, la cebolla y los cacahuetes.

3 Mezcle el resto de ingredientes para elaborar la vinagreta. Viértala sobre la ensalada, remueva y sirva. La ensalada puede hacerse y aliñarse con antelación y se conserva en la nevera hasta 3 horas.

CONSEJO: Si dispone de judías largas asiáticas, utilícelas en lugar de las judías verdes.

CALORÍAS (POR RACIÓN)	117
PROTEÍNAS	4 g
GRASA TOTAL	5,7 g
GRASAS SATURADAS	1 g
HIDRATOS DE CARBONO	15,3 g
FIBRA DIETÉTICA	4,4 g
AZÚCARES	7,8 g
VITAMINAS	C

ENSALADA PANZANELLA CON COLES DE BRUSELAS Y ALCACHOFAS

4-6 raciones | con opción sin gluten

La panzanella tradicional se elabora con pan seco, cebolla y tomates, pero vamos a darle un toque más verde añadiéndole coles de Bruselas, tirabeques y corazones de alcachofa. Queda preciosa. Si lo desea, puede utilizar pan sin gluten como alternativa.

Prep.: 10 min | Cocción: 35 min

180 g de coles de Bruselas
5 cucharadas de aceite de oliva
½ barra de pan de cereales del día anterior
1 diente de ajo picado
1 cucharadita de tomillo fresco
100 g de tirabeques
170 g de corazones de alcachofa en cuartos
15 g de hojas de albahaca fresca rasgadas
2 cucharadas de vinagre de jerez
2 cucharaditas de mostaza Dijon
sal marina y pimienta negra recién molida

(véase imagen, página anterior, derecha)

CALORÍAS (POR RACIÓN)	243
PROTEÍNAS	8 g
GRASA TOTAL	13,7 g
GRASAS SATURADAS	2,1 g
HIDRATOS DE CARBONO	24,9 g
FIBRA DIETÉTICA	6,1 g
AZÚCARES	4 g
VITAMINAS	C

1 Precaliente el horno a 200 °C. Corte las coles de Bruselas por la mitad, retire las hojas más externas si están marrones y mézclelas con una cucharada de aceite de oliva en un bol. Extienda sobre una bandeja para el horno y espolvoréelas con una pizca de sal marina y pimienta molida. Meta en el horno y ase entre 30 y 35 minutos, hasta que se doren.

2 Corte el pan en cuadrados de unos 5 cm de lado. Caliente otra cucharada de aceite en una sartén y añada el ajo, deje cocer hasta que suelte el aroma, alrededor de 1 minuto. Añada el pan, el tomillo y una pizca de sal. Cocine a fuego medio alto entre 8 y 10 minutos, removiendo ocasionalmente para tostarlo por ambas caras. Retire del fuego.

3 Corte los tirabeques y añádalos al bol grande con los corazones de alcachofa, las coles de Bruselas, el pan y la albahaca.

4 En un bol, mezcle el vinagre de jerez, la mostaza y el resto del aceite de oliva. Justo antes de servir, aliñe la ensalada con la vinagreta.

ENSALADA CÉSAR CON «BEICON» DE TEMPEH

4 raciones / sin gluten

¿Hay algo mejor que una crujiente ensalada César? Pruebe ésta, a ver qué tal le sienta. Posee un buen equilibrio de lechuga romana y col verde, con cantidad de «beicon» de tempeh. La vinagreta se prepara con tofu, rico en proteínas.

Prep.: 10 min | Cocción: 20 min

1 corazón de lechuga romana
4-5 hojas de col verde sin tallos
1 ración de «beicon» de tempeh (p. 43)

PARA LA VINAGRETA CREMOSA

60 g de tofu sedoso
1 cucharada de aceite de oliva
2 cucharadas de levadura nutricional
1 cucharada de alcaparras
1 cucharada del jugo de las alcaparras
2 cucharaditas de mostaza Dijon
1 ½ cucharaditas de miso
½ cucharadita de gránulos de alga kelp
¼ de cucharadita de ajo en polvo
¼ de cucharadita de sal marina
pimienta negra recién molida

(véase imagen, detrás)

CALORÍAS (POR RACIÓN)	152
PROTEÍNAS	10,8 g
GRASA TOTAL	7,6 g
GRASAS SATURADAS	1,3 g
HIDRATOS DE CARBONO	13,5 g
FIBRA DIETÉTICA	2,3 g
AZÚCARES	3,4 g
VITAMINAS	A, C

1 Lave y seque la lechuga romana y las hojas de col. Rompa la lechuga en trozos grandes. Amontone las hojas de col, enróllelas apretadas y córtelas en tiras finas. Reserve.

2 Para la vinagreta, mezcle todos los ingredientes con la batidora.

3 Coloque la col y dos cucharadas de la vinagreta en una ensaladera. Amase durante 1 o 2 minutos. Añada la lechuga y más vinagreta. Mezcle bien, distribuya la ensalada en cuatro platos y acabe con el «beicon» de tempeh desmigado.

ENSALADA WALDORF DE COL VERDE CON VINAGRETA ASTORIA DE AGUACATE

6 raciones | sin gluten

Bautizada con el nombre del gran hotel Waldorf Astoria de Nueva York, pero versionada. Dado que mucha gente considera la col verde la reina de las verduras, he pensado que una lujosa ensalada como ésta le venía como anillo al dedo.

Preparación: 10 min

1 manojo de col verde
1 manzana en dados
45 g de uvas rojas sin semillas cortadas por la mitad
3 ramas de apio troceado
65 g de nueces partidas por la mitad

PARA LA VINAGRETA ASTORIA DE AGUACATE

1 aguacate
2 cucharaditas de mostaza Dijon
1 cucharada de vinagre de manzana
½ cucharadita de eneldo seco
agua
sal marina

(véase imagen, página anterior, delante)

CALORÍAS (POR RACIÓN)	198
PROTEÍNAS	5,4 g
GRASA TOTAL	14,8 g
GRASAS SATURADAS	1,9 g
HIDRATOS DE CARBONO	15 g
FIBRA DIETÉTICA	5 g
AZÚCARES	6 g
VITAMINAS	A, B_6, C

1 Lave y seque la col. Retire los nervios duros con un cuchillo y luego amontone las hojas y córtelas formando tiras.

2 Mezcle la col, la manzana, las uvas, el apio y las nueces en una ensaladera grande.

3 Para la vinagreta, chafe la pulpa del aguacate en un bol con un tenedor. Agregue la mostaza, el vinagre y el eneldo. La vinagreta quedará muy espesa, dilúyala con un poco de agua, cucharada a cucharada; con 3 o 4 cucharadas debería bastar. Sazone al gusto.

4 Añada la vinagreta a la ensaladera y mezcle bien. Sirva enseguida o tápela y consérvela en la nevera hasta 3 horas.

ENSALADA ARCOÍRIS CON VINAGRETA DE AGUACATE Y LIMÓN

4-6 raciones | sin gluten

Esta vistosa y crujiente ensalada le alegrará tanto las pupilas como las papilas, y es ideal para llevar a una fiesta o comida familiar. Gracias a la textura de las hortalizas que se utilizan para esta ensalada, que no se marchitan al aliñarlas, se puede preparar con antelación y refrigerarla, o guardar las sobras para el día siguiente.

Prep.: 10 min | Cocción: 5 min

½ col morada pequeña
2 zanahorias
3-4 hojas de col verde sin nervios
½ pepino
150 g de habas de soja (edamame) congeladas
3 cucharadas de semillas de cáñamo peladas

PARA LA VINAGRETA DE AGUACATE Y LIMÓN

1 aguacate pequeño
2 cucharadas de cilantro fresco
60 ml de agua
2 cucharadas de zumo de limón
¼ de cucharadita de sal marina

CALORÍAS (POR RACIÓN)	174
PROTEÍNAS	7,2 g
GRASA TOTAL	10,1 g
GRASAS SATURADAS	1,7 g
HIDRATOS DE CARBONO	16,1 g
FIBRA DIETÉTICA	6,4 g
AZÚCARES	3,4 g
VITAMINAS	A, B_6, C

1 Corte en tiras o ralle todas las hortalizas a mano o con un rallador.

2 Ponga agua a hervir en un cazo pequeño. Deje hervir las habas de soja 3 o 4 minutos. Escúrralas y páselas por agua para detener la cocción.

3 Mezcle las hortalizas en una ensaladera grande junto con las habas de soja y dos cucharadas de semillas de cáñamo.

4 Para la vinagreta, mezcle los ingredientes en la batidora y triture hasta conseguir una pasta suave.

5 Añada la vinagreta de aguacate y limón a las hortalizas y remueva bien. La vinagreta sobrante se conserva en un recipiente tapado en la nevera hasta tres días.

6 Decore con la cucharada restante de semillas de cáñamo. Sirva a temperatura ambiente.

ENSALADA MEDITERRÁNEA DE BRÓCOLI Y CEBADA

3-4 raciones

Las ensaladas frías con cereales son una de mis aficiones, y me encanta la textura blanda de la cebada, que contrasta bien con la del crujiente brócoli. Este plato contiene mucha fibra y proteínas, además de montones de vitaminas A, C y K.

Prep.: 10 min | Cocción: 40 min

250 g de cebada integral lavada
750 ml de agua
180 g de brócoli troceado
3-4 hojas de col verde sin tallos
15 g de tomates secos en aceite, escurridos y troceados
50 g de aceitunas negras, sin hueso y troceadas
2 cucharadas de aceite de oliva
1 ½ cucharadas de zumo de limón
sal marina y pimienta negra recién molida

1 Ponga la cebada a hervir con el agua. Baje el fuego, tape y poche 40 minutos, o hasta que esté hecha y haya absorbido el agua. Retire la cebada del fuego, ahuéquela con un tenedor y déjela templar.

2 Mientras se cuece la cebada, ponga agua a hervir en un cazo. Añada el brócoli y deje cocer durante 1 minuto a fuego medio. Escurra y eche directamente a un bol con agua y hielo. Deje reposar el brócoli 1 minuto, escúrralo y séquelo suavemente con un trapo. Amontone las hojas de col y córtelas en tiras.

3 Pase la cebada a una ensaladera junto con el brócoli, la col, los tomates y las aceitunas. Mezcle el aceite con el zumo de limón, salpimiente al gusto y vierta sobre la ensalada. Mezcle bien y sirva.

CONSEJO: Cuando se prepara una ensalada con hortalizas consistentes como el brócoli y la col verde, puede dejarse lista con antelación porque no se marchitan ni siquiera al aliñarlos.

CALORÍAS (POR RACIÓN)	333
PROTEÍNAS	8,9 g
GRASA TOTAL	9,4 g
GRASAS SATURADAS	1,4 g
HIDRATOS DE CARBONO	57,1 g
FIBRA DIETÉTICA	12,2 g
AZÚCARES	2,8 g
VITAMINAS	A, C, K

ENSALADA DE RÚCULA, BERROS Y FRUTA CON VINAGRETA DE JALAPEÑO

4-6 raciones | sin gluten

Las frutas dulces como el melocotón, las ciruelas y las nectarinas se complementan a la perfección con las hojas de sabor penetrante como la rúcula y los berros. La vinagreta es muy suave, de modo que si desea intensificar su efecto, puede dejar algunas o todas las pepitas del pimiento jalapeño.

Preparación: 15 min

60 g de rúcula
100 g de berros
½ pepino en rodajas
1 melocotón o nectarina sin hueso y en gajos
1 ciruela sin hueso y en gajos (opcional)
50 g de nueces pecanas tostadas
40 g de cebolla roja en juliana

PARA LA VINAGRETA DE JALAPEÑO

1 pimiento jalapeño, sin pepitas ni membranas, cortado
2 cucharadas de aceite de oliva
2 cucharadas de zumo de naranja
1 cucharada de vinagre blanco
una pizca de sal

CALORÍAS (POR RACIÓN)	126
PROTEÍNAS	2,1 g
GRASA TOTAL	10,9 g
GRASAS SATURADAS	1,3 g
HIDRATOS DE CARBONO	6,7 g
FIBRA DIETÉTICA	2 g
AZÚCARES	3,8 g
VITAMINAS	B_6, C

1 Mezcle todos los ingredientes de la ensalada en una ensaladera.

2 Mezcle bien los ingredientes de la vinagreta. Viértala sobre la ensalada, remueva y sirva. Esta ensalada luce mucho si se sirve en platos individuales. Sólo hay que emplatar cada ración y rociarla con la vinagreta.

ENSALADA DE SUPERALIMENTOS

2-3 raciones | sin gluten

Esta ensalada, que contiene algunos de mis superalimentos favoritos –desde la nutritiva col verde hasta la calabaza, las semillas de cáñamo y las bayas goji–, es como una pequeña fiesta servida en ensaladera. A veces se encuentran col verde y acelgas «baby» envasadas en el supermercado. Suelen ser de hojas más tiernas y se presentan con triple lavado, cosa que permite ahorrar tiempo de preparación.

Preparación: 15 min

180 g de mezcla de col verde y acelgas «baby»

230 g de alubia adzuki (lavada y escurrida, si es en conserva)

85 g de brotes de guisante

85 g de brotes de girasol

75 g de tomates cherry de pera, partidos por la mitad

30 g de nueces

35 g de bayas goji

2 cucharadas de semillas de cáñamo peladas

1 ración de su vinagreta preferida (para esta ensalada, mi favorita es la vinagreta de aguacate y limón, p. 98)

(véase imagen, detrás)

1 Mezcle todos los ingredientes en una ensaladera. Remueva junto con la vinagreta elegida y sirva.

CONSEJO: Las hojas maduras también pueden servir para esta ensalada, pero hay que cortarlas finas y trabajarlas con unas gotas de aceite de oliva antes de montar el plato.

CALORÍAS (POR RACIÓN) (SÓLO LA ENSALADA)	337
PROTEÍNAS	17,1 g
GRASA TOTAL	16,0 g
GRASAS SATURADAS	1,7 g
HIDRATOS DE CARBONO	36 g
FIBRA DIETÉTICA	9,7 g
AZÚCARES	4,5 g
VITAMINAS	A, C, K

ENSALADA DE COLES DE BRUSELAS CON CÁÑAMO Y NARANJA

4 raciones | sin gluten

Me encantan las coles de Bruselas. Normalmente las aso, pero después de probarlas cortadas en juliana en esta ensalada, descubrí lo buenas que son crudas. Como todas las crucíferas, están repletas de antioxidantes y vitamina K, buena para la salud de la sangre, y el aguacate y el cáñamo proporcionan ácidos grasos omega cardiosaludables.

Preparación: 10 min

270 g de coles de Bruselas
40 g de rúcula
1 naranja
1 aguacate
35 g de semillas de cáñamo peladas
3 cucharadas de aceite de oliva
2 cucharadas de zumo de limón
1 cucharadita de sirope de agave o jarabe de arce
sal marina y pimienta negra recién molida

(véase imagen, página anterior, delante)

CALORÍAS (POR RACIÓN)	271
PROTEÍNAS	7,7 g
GRASA TOTAL	21,7 g
GRASAS SATURADAS	3,2 g
HIDRATOS DE CARBONO	17,6 g
FIBRA DIETÉTICA	8,2 g
AZÚCARES	7,5 g
VITAMINAS	C

1 Quite las hojas oscuras de las coles, pero no corte la base: así podrá asirlas bien. Córtelas en juliana y colóquelas en una ensaladera grande con la rúcula. Pele y trocee la naranja y el aguacate y añádalos a la ensaladera con las semillas de cáñamo.

2 Mezcle los ingredientes restantes para elaborar una vinagreta sencilla, aliñe al gusto, remueva la ensalada y sirva.

CONSEJO: Para cortar las coles de Bruselas puede utilizar una mandolina o un robot de cocina con los accesorios adecuados, o hacerlo a mano con un cuchillo bien afilado.

PLATOS PRINCIPALES

FIDEOS DE CALABACÍN A LA BOLOÑESA

4 raciones / sin gluten

Pruebe esta versión del clásico italiano en la que el calabacín sustituye la pasta y los champiñones la típica salsa con carne. Si dispone de un espiralizador de verduras o un accesorio para cortarlas en juliana, le resultará útil para esta receta; si no, utilice un pelador para cortar «fideos» largos y finos.

Prep.: 10 min | Cocción: 35 min

5-6 calabacines pequeños
2 cucharadas de aceite de oliva
1 cebolla troceada
2 zanahorias grandes
4 ramas de apio troceadas
8 champiñones troceados
60 ml de vino blanco seco
800 g de tomates en lata enteros o troceados
½ cucharadita de orégano seco
½ cucharadita de albahaca seca
sal marina y pimienta recién molida

1 Corte los calabacines en juliana o en espirales para obtener los fideos. Son necesarias entre 2 y 3 tazas de fideos por ración. Reserve.

2 En una sartén grande, caliente el aceite y añádale la cebolla. Sofríala hasta que quede translúcida, durante unos 5 minutos. Añada las zanahorias, el apio y los champiñones y siga cociendo a fuego medio alto durante 10 minutos, removiendo de vez en cuando. Las verduras se ablandarán al cocerse. Añada el vino y remueva durante 3 o 4 minutos, hasta que reduzca.

3 Triture los tomates y añádalos a la sartén con el orégano y la albahaca. Sofría, sin tapar, de 12 a 15 minutos, hasta que la salsa espese; luego retire del fuego y aliñe al gusto.

4 Mientras tanto, ponga agua a hervir. Hierva en ella el calabacín de 30 a 60 segundos. Escúrralo, repártalo en los cuatro platos y eche encima un cucharón de salsa boloñesa vegetal.

CONSEJO: Los fideos de calabacín están igual de ricos sin cocer. Si desea probarlos crudos, mézclelos con pesto fresco.

CALORÍAS (POR RACIÓN)	196
PROTEÍNAS	6,8 g
GRASA TOTAL	7,6 g
GRASAS SATURADAS	1,1 g
HIDRATOS DE CARBONO	27 g
FIBRA DIETÉTICA	7,3 g
AZÚCARES	13,7 g
VITAMINAS	A, B_6, C

FIDEOS DE ALGA KELP CON TAHINA Y VINAGRETA DE TAHINA Y MISO

2 raciones | sin gluten

Un plato de saludables ingredientes crudos y crujientes. También contiene muchas proteínas, de las semillas de cáñamo, los anacardos y la tahina. Si no encuentra fideos de alga kelp, utilice fideos de arroz o fideos udon (los udon contienen gluten).

Preparación: 10 min

340 g de fideos de alga kelp
225 g de col verde de hoja lisa
1/3 de pepino troceado
2 ramitas de apio troceadas
1 zanahoria rallada
2 cucharadas de semillas de cáñamo peladas
40 g de anacardos tostados

PARA LA VINAGRETA

2 cucharaditas de miso
2 cucharadas de tahina
1 cucharada de salsa tamari
1 cucharada de aceite de sésamo
1 cucharadita de vinagre umeboshi
unas gotas de sirope de agave
2 cucharadas de agua
(véase imagen, p. sig., delante)

CALORÍAS (POR RACIÓN)	364
PROTEÍNAS	13 g
GRASA TOTAL	20,1 g
GRASAS SATURADAS	3,3 g
HIDRATOS DE CARBONO	38,6 g
FIBRA DIETÉTICA	7,4 g
AZÚCARES	6,4 g
VITAMINAS	A, C

1 Lave los fideos de alga kelp en un colador. Con las manos, separe los fideos y córtelos con tijeras de cocina para conseguir un tamaño más manejable, ya que se enredan bastante cuando se dejan largos.

2 Lave y seque la col. Retire los nervios duros con un cuchillo afilado, amontone las hojas y córtelas en tiras finas. Ponga la col y los fideos en una ensaladera grande y reserve.

3 Para la vinagreta, mezcle los ingredientes. Como todas las salsas que llevan mantequilla de frutos secos o semillas, la vinagreta espesará antes de adoptar la consistencia clara que se pretende. Después de mezclar los ingredientes, si resulta demasiado espesa para su gusto, añada agua, cucharada a cucharada, hasta obtener la consistencia deseada.

4 Aliñe los fideos con la mitad de la vinagreta y remueva bien para que se impregnen de ella.

5 Añada el pepino, el apio, la zanahoria, las semillas de cáñamo y los anacardos a la ensaladera. Rocíe con el resto de la vinagreta, remueva y sirva.

PASTA CON SALSA PICANTE DE CACAHUETE

4 raciones | con opción sin gluten

En mi opinión, todo el mundo debería saber preparar una buena salsa de cacahuetes. Éste es mi plato comodín para acabar con las verduras que queden antes de que llegue la siguiente cesta de productos biológicos. Para adaptar la receta, utilice fideos soba sin gluten.

Prep.: 5 min | Cocción: 20 min

450 g de fideos soba
360 g de brócoli troceado
150 g de tirabeques troceados
2 cebollas tiernas troceadas

PARA LA SALSA DE CACAHUETE

3 cucharaditas de aceite de sésamo tostado
2 ½ cucharadas de vinagre de arroz
60 ml de salsa tamari sin gluten
80 g de manteca de cacahuete natural
125 ml de agua
2 cucharadas de salsa Sriracha u otra salsa picante

(véase imagen, detrás)

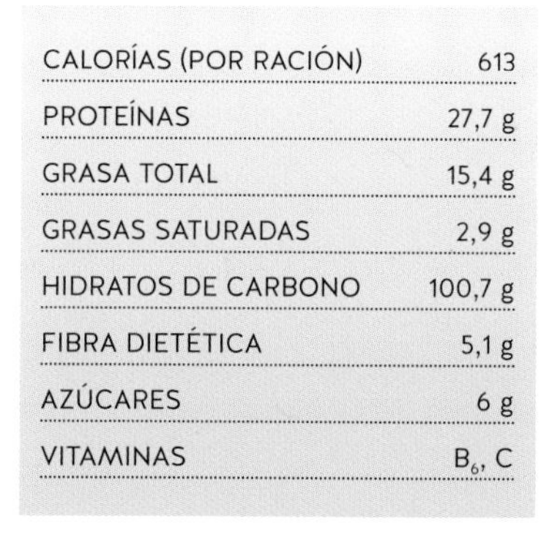

CALORÍAS (POR RACIÓN)	613
PROTEÍNAS	27,7 g
GRASA TOTAL	15,4 g
GRASAS SATURADAS	2,9 g
HIDRATOS DE CARBONO	100,7 g
FIBRA DIETÉTICA	5,1 g
AZÚCARES	6 g
VITAMINAS	B_6, C

1 Prepare los fideos soba siguiendo las instrucciones del envase. Cuando les falte 1 minuto de cocción, añádales el brócoli. Escurra los fideos y el brócoli, y aclárelos con agua fría para detener la cocción y retirar el exceso de almidón de los fideos.

2 Para la salsa de cacahuete, mezcle el aceite de sésamo, el vinagre de arroz y la salsa tamari en una sartén pequeña, y cocine a fuego medio bajo durante 1 minuto. Añada la manteca de cacahuete y remueva con cuidado durante 2 o 3 minutos para que se ablande y se funda. Añada el agua poco a poco hasta que la salsa adquiera una consistencia suave. Siga removiendo durante 3 o 4 minutos para que vaya espesando. Añada parte o toda la salsa Sriracha para preparar una salsa picante al gusto.

3 Retire la salsa del fuego y viértala en un bol grande con los fideos, el brócoli, los tirabeques y la cebolla.

COL CHINA CON JENGIBRE Y TIRABEQUES CON TOFU AL GLASEADO DE MISO

3-4 raciones | sin gluten

Me encanta el jengibre con aceite de sésamo tostado para acompañar la col china. Este plato es rico en vitaminas A y K, calcio y fibra dietética.

Prep.: 10 min | Cocción: 20 min

- 450 g de tofu extrafirme
- 2 cucharadas de pasta miso blanca
- 2 cucharadas de licor mirin
- 1 cucharada de agua
- 2 cucharaditas de aceite vegetal
- 4-5 coles chinas «baby»
- 2 cucharadas de aceite de sésamo tostado
- un trozo de 2,5 cm de jengibre fresco picado
- 200 g de tirabeques
- quinoa cocida para servir

1 Rebane el tofu en 12 lonchas finas. Seque con papel de cocina. Mezcle el miso, la mitad del mirin, el agua y el aceite vegetal. Remoje las lonchas de tofu en la mezcla de miso y colóquelas en una bandeja de horno forrada con papel de aluminio. Gratínelas en el horno de 6 a 8 minutos por cada lado, hasta que se doren, vigilando que no se quemen.

2 Corte las coles chinas por la mitad. Recorte el extremo de las raíces y retire la parte dura con un cuchillo afilado. Caliente el aceite de sésamo en una sartén grande y añada el jengibre, deje cocer 1 minuto, hasta que suelte su aroma. Agregue las coles chinas, con los cortes boca abajo, para que sofrían 3 minutos. Dele la vuelta y sofría el otro lado 2 minutos más.

3 Suba el fuego, añada los tirabeques y el resto de mirin, y tape durante 1 minuto para que acabe de cocerse la col. Sirva con el tofu glaseado con miso y la quinoa.

CALORÍAS (POR RACIÓN)	348
PROTEÍNAS	28 g
GRASA TOTAL	16,7 g
GRASAS SATURADAS	2,7 g
HIDRATOS DE CARBONO	35,7 g
FIBRA DIETÉTICA	12,9 g
AZÚCARES	18,7 g
VITAMINAS	A, B_6, C

ORECCHIETTE CON ACELGAS, TOMATES SECOS Y ALMENDRAS TOSTADAS

4 raciones / con opción sin gluten

Este plato de pasta le gusta a todo el mundo y resulta ideal como cena familiar. La combinación del toque ligeramente amargo de las acelgas con los sabrosos tomates secos es perfecta. Si desea adaptar la receta, utilice pasta sin gluten.

Prep.: 10 min | Cocción: 25 min

- 40 g de almendras
- 1 manojo de acelgas
- 4 cucharadas de aceite de oliva
- 2 cucharadas de ajo picado
- 800 g de tomates troceados en lata, triturados
- 30 g de tomates secos (sin aceite) en tiras
- 450 g de pasta orecchiette
- sal marina y pimienta negra recién molida
- almendras tostadas para servir

CALORÍAS (POR RACIÓN)	694
PROTEÍNAS	21,2 g
GRASA TOTAL	21,6 g
GRASAS SATURADAS	2,4 g
HIDRATOS DE CARBONO	107,9 g
FIBRA DIETÉTICA	8,9 g
AZÚCARES	12,4 g
VITAMINAS	A, C, K

1 Cubra una bandeja de horno con papel vegetal y extienda sobre ella las almendras. Gratínelas 5 minutos, vigilando y removiéndolas cada minuto. Cuando empiecen a dorarse, retírelas del horno. Una vez templadas, córtelas en trocitos y resérvelas.

2 Mientras tanto, corte los tallos de las acelgas y trocéelos. Amontone las hojas de cuatro en cuatro, enróllelas y córtelas en tiritas.

3 En una sartén grande, caliente dos cucharadas de aceite y añada el ajo, removiendo para que no se queme. Pasados 1 o 2 minutos, añada los tallos de las acelgas y sofría 5 minutos, hasta que se ablanden; luego añada las hojas y una pizca de sal marina, y siga cociendo 3 o 4 minutos más, hasta que se marchiten. Pase a un bol.

4 Ponga de nuevo la sartén al fuego y añada el resto del aceite, los tomates triturados y los secos, y sofría durante 15 minutos. Los tomates secos se rehidratarán con la salsa y le aportarán un sabor más intenso. Agregue las acelgas a la sartén, rectifique de sal y caliente.

5 Cueza la pasta según las instrucciones del envase y luego añádala a la salsa. Sirva caliente, con las almendras tostadas por encima.

LINGUINI CON LIMÓN, ACEITUNAS Y GRELOS

4 raciones | con opción sin gluten

No hay nada sofisticado en esta receta, sólo sabores sencillos y ricos: ajo, limón, grelos y aceitunas. Puede adaptarla y utilizar pasta sin gluten.

Prep.: 5 min | Cocción: 15 min

1 manojo de grelos
2 cucharadas de aceite de oliva, y más para servir
1 cucharada de ajo picado
60 ml de zumo de limón
60 ml de vino blanco seco
45 g de alcaparras, escurridas
50 g de aceitunas negras de calidad
sal marina y pimienta negra recién molida
450 g de linguini

1 Trocee los grelos, separando los tallos de las hojas tiernas. Ponga agua a hervir en un cazo mediano y cueza los tallos 1 minuto, luego añada las hojas otro minuto más. Escurra y reserve.

2 Caliente el aceite en una sartén grande y añada el ajo. Deje sofreír 1 o 2 minutos, removiendo para que no se queme, luego añada los grelos, el zumo de limón y el vino, y suba el fuego. Sofría 3 o 4 minutos, hasta que la salsa reduzca a la mitad, luego añada las alcaparras y las aceitunas, remueva y retire del fuego.

3 Mientras tanto, cueza la pasta según las instrucciones del envase. Escúrrala y reserve 50 ml del agua de la cocción. Añada la pasta a la salsa junto con el agua reservada. Mezcle bien y rocíe con más aceite de oliva, si lo desea, salpimiente ligeramente y sirva.

CONSEJO: Los grelos también se conocen como brócoli rabe, de modo que si no los encuentra por un nombre al ir a comprar, ¡búsquelos por el otro!

CALORÍAS (POR RACIÓN)	535
PROTEÍNAS	16,2 g
GRASA TOTAL	11,3 g
GRASAS SATURADAS	1,1 g
HIDRATOS DE CARBONO	85,8 g
FIBRA DIETÉTICA	2,4 g
AZÚCARES	5,1 g
VITAMINAS	A, C

PIZZA DE ACELGAS, CILANTRO Y «QUESO» DE ANACARDOS

2-3 raciones

Las pizzas con pesto son una agradable opción para variar de las versiones con tomate, y el brócoli siempre le va bien a la pizza, en mi opinión. Esta receta, además, gusta a los niños.

Prep.: 10 min | Cocción: 12 a 15 min

harina de maíz para espolvorear
400 g de masa para pizza
250 ml de Pesto de acelgas y cilantro (p. 74)
90 g de flores de brócoli troceadas
40 g de cebolla roja en juliana
½ taza de «queso» de anacardos (p. 66)
(véase imagen, delante)

1 Precaliente el horno a 230 °C. Engrase una bandeja de horno grande. Sobre una superficie espolvoreada con harina de maíz, extienda la masa y forme un círculo de unos 30 cm de diámetro y colóquelo sobre la bandeja.

2 Extienda el pesto sobre la masa, dejando un margen alrededor. Coloque el brócoli, las cebollas y el «queso» de anacardos a cucharaditas por encima. Hornee de 12 a 15 minutos, o hasta que la masa se dore. Corte y sirva.

CONSEJO: También puede utilizar el Pesto de col verde y nueces (p. 74) para esta receta, y el resultado es igualmente delicioso.

CALORÍAS (POR RACIÓN)	662
PROTEÍNAS	21,5 g
GRASA TOTAL	27,7 g
GRASAS SATURADAS	5 g
HIDRATOS DE CARBONO	88,9 g
FIBRA DIETÉTICA	8,9 g
AZÚCARES	3,1 g
VITAMINAS	B_6

PIZZA DE TOMATES SECOS Y RÚCULA

2-3 raciones

Cuando me casé, trabajaba en un restaurante italiano del barrio. Al menos una vez a la semana, para cenar, mi marido y yo nos presentábamos y pedíamos una pizza, siempre la misma: de jamón y rúcula con tomates secos en lugar de carne. Enseguida la bautizaron como «especial Mark», y sigue siendo una de nuestras combinaciones de sabores preferidas cuando cenamos pizza.

Prep.: 10 min | Cocción: 12 a 15 min

harina de maíz para espolvorear
400 g de masa para pizza
30 g de tomates secos en aceite
60 g de rúcula

PARA LA SALSA RÁPIDA

250 ml de passata de tomate italiana (o 250 ml de tomates en lata triturados), más 1 cucharada de concentrado de tomate
1 cucharadita de aceite de oliva
½ cucharadita de orégano seco
¼ de cucharadita de sal marina
1 cucharada de albahaca fresca picada

(véase imagen, página anterior, detrás)

CALORÍAS (POR RACIÓN)	404
PROTEÍNAS	14,7 g
GRASA TOTAL	5,6 g
GRASAS SATURADAS	1,4 g
HIDRATOS DE CARBONO	76,3 g
FIBRA DIETÉTICA	7,4 g
AZÚCARES	2,4 g
VITAMINAS	K

1 Precaliente el horno a 230 °C. Engrase una bandeja de horno grande. Sobre una superficie espolvoreada con harina de maíz, extienda la masa y forme un círculo de unos 30 cm de diámetro y colóquelo sobre la bandeja.

2 Para la salsa, mezcle todos los ingredientes. Extienda la salsa sobre la masa, dejando un margen alrededor. Disponga los tomates secos por encima. Hornee de 12 a 15 minutos o hasta que la masa se dore. Saque del horno y reparta enseguida la rúcula por encima. Deje reposar 5 minutos, y luego corte y sirva.

MONTADITO DE ESPÁRRAGOS Y TOMATE ASADO

2 raciones

Los montaditos no dejan de ser un bocadillo abierto, pero tomar tiras de espárragos crudos me parece tan sofisticado que incluso podría designarlos como tartine.

Prep.: 5 min | Cocción: 15 min

225 g de tomates cherry pera en rama
1 cucharada de aceite de oliva
2 aguacates maduros pequeños
un gajo de limón
6 espárragos
4 rebanadas de buen pan de masa madre crujiente
sal marina

1 Precaliente el horno a 200 °C. Separe los tomates en racimos de tres o cuatro cortando las ramas con tijeras. Colóquelos en una bandeja para el horno, rocíelos con aceite de oliva y sálelos con la sal marina. Áselos al horno 10 o 15 minutos, o hasta que se hundan. Retírelos del horno y déjelos templar.

2 Vacíe la pulpa de los aguacates en un bol y cháfela suavemente con un tenedor. Rocíela con el limón y chafe de nuevo para que no ennegrezca.

3 Rompa los extremos duros de los espárragos y luego, con un pelador de verduras, lamínelos con cuidado para obtener tiras.

4 Para montar el plato, tueste las rebanadas de pan. Unte cada tostada con el aguacate, coloque encima las tiras de espárrago y los tomates asados, y sirva enseguida.

CONSEJO: Para servir como aperitivo, corte los montaditos en porciones pequeñas.

CALORÍAS (POR RACIÓN)	515
PROTEÍNAS	15,6 g
GRASA TOTAL	20,3 g
GRASAS SATURADAS	3,6 g
HIDRATOS DE CARBONO	71,2 g
FIBRA DIETÉTICA	12,9 g
AZÚCARES	7,3 g
VITAMINAS	C, K

CUSCÚS RÁPIDO CON CALABAZA Y HOJAS DE NABO

4-5 raciones

Este plato está listo en 15 minutos. No sólo es una buena manera de utilizar el calabacín cuando el huerto lo ofrece en abundancia, sino que además es fácil y rápido de preparar. Me gusta servirlo en la misma cazuela donde lo he guisado; y queda muy bien presentado con las almendras y el eneldo por encima.

Prep.: 5 min | Cocción: 15 min

1 cucharada de aceite de oliva
75 g de cebolla troceada
1 calabacín mediano troceado
1 calabaza amarilla de verano (u otro calabacín) troceada
80 g de hojas de nabo troceadas
½ cucharadita de albahaca seca
¼ de cucharadita de tomillo seco
750 ml de caldo vegetal
360 g de cuscús
40 g de almendras
eneldo fresco

(véase imagen, p. 127, detrás)

CALORÍAS (POR RACIÓN)	378
PROTEÍNAS	14,5 g
GRASA TOTAL	8,2 g
GRASAS SATURADAS	1 g
HIDRATOS DE CARBONO	60,9 g
FIBRA DIETÉTICA	6,3 g
AZÚCARES	2,8 g
VITAMINAS	A, B_6

1 Caliente el aceite en una cazuela con tapa ajustada. Añada la cebolla y sofría 3 o 4 minutos. Agregue el calabacín, la calabaza y las hojas, junto con las especias, y deje cocer entre 5 y 7 minutos, removiendo de vez en cuando, hasta que la calabaza quede tierna y las hojas se marchiten.

2 Mientras tanto, en una sartén pequeña, ponga el caldo a hervir. Añada el cuscús a las verduras y remueva. Con cuidado, incorpore el caldo caliente a la cazuela, remueva de nuevo, tape y retire del fuego. Deje cocer al vapor de 5 a 6 minutos, hasta que el cuscús quede tierno y haya absorbido todo el líquido, entonces quite la tapa, eche las almendras y el eneldo por encima, y sirva.

BONIATOS AL HORNO RELLENOS DE BRÓCOLI, ACELGAS Y HUMMUS

2 raciones | sin gluten

Olvídese de las patatas blancas al horno con salsa agria: esta versión es diez veces más saludable y más gustosa. Gracias a las verduras, es además rica en vitaminas A, C y K.

Prep.: 10 min | Cocción: 1 h

2 boniatos
70 g de acelgas
1 cucharada de aceite de oliva
1 cucharada de jengibre fresco picado
90 g de brócoli troceado
zumo de ½ lima
⅔ de taza de hummus (véase p. 52, o utilice su marca preferida)

1 Precaliente el horno a 200 °C. Pinche los boniatos varias veces con un tenedor y colóquelos en una bandeja para el horno. Áselos durante una hora o hasta que queden tiernos. Sáquelos del horno y déjelos templar 5 minutos antes de abrirlos con un cuchillo sin llegar a partirlos. Chafe la pulpa del interior de los boniatos con cuidado de no romperlos.

2 Amontone las hojas de acelgas y enróllelas para cortarlas en tiras finas. Resérvelas.

3 En una sartén mediana, caliente el aceite y añada el jengibre para sofreírlo 1 o 2 minutos, hasta que desprenda su aroma. Agregue el brócoli y sofría 2 minutos, hasta que adopte un tono verde vivo. Cubra con una tapa y deje cocer al vapor de 3 a 5 minutos, o hasta que quede tierno. Retire la tapa, añada las acelgas y el zumo de lima y deje cocer sin tapar 2 o 3 minutos, hasta que las hojas se marchiten.

4 Rellene los boniatos con las acelgas, el brócoli y el hummus. Sirva con salsa picante si le gusta.

CALORÍAS (POR RACIÓN)	350
PROTEÍNAS	10,3 g
GRASA TOTAL	15,6 g
GRASAS SATURADAS	2,3 g
HIDRATOS DE CARBONO	46,9 g
FIBRA DIETÉTICA	11,4 g
AZÚCARES	1,9 g
VITAMINAS	A, C, K

CURRY DE GARBANZOS E HINOJO SOBRE LECHO DE BERROS

4 raciones | sin gluten

Los berros, de sabor fresco e intenso, combinan a la perfección con el curry de cacahuete.

Prep.: 10 min | Cocción: 20 min

1 cucharada de aceite de coco
1 cebolla pequeña troceada
un trozo de jengibre fresco de 2,5 cm picado
2 cucharadas de pasta de curry rojo tailandés
1 bulbo de hinojo, deshojado, sin corazón y laminado
425 g de garbanzos en conserva, lavados y escurridos
400 ml de leche de coco en lata
3 cucharadas de manteca de cacahuete natural
210-280 g de berros, sin raíces ni tallos
sal marina
arroz cocido para servir
cilantro fresco para decorar

1 En una sartén grande, caliente el aceite de coco. Añada la cebolla y sofría 3 o 4 minutos, luego añada el jengibre y la pasta de curry, y remueva mientras se cuece 1 o 2 minutos más, hasta que desprenda su aroma.

2 Añada el hinojo, los garbanzos y la leche de coco. Suba el fuego y lleve la mezcla a hervor. Baje el fuego, tape y deje cocer 10 minutos.

3 Coloque la manteca de cacahuete en un bol. Con cuidado, añada 120 ml de la mezcla de la sartén a la manteca de cacahuete y remueva hasta que se mezcle bien. Agregue esta mezcla al curry y remueva. Sofría sin tapar 5 minutos, hasta que se caliente todo, y rectifique de sal.

4 Para servir, ponga una ración de arroz cocido en cada bol. Reparta los berros en los boles y eche el curry por encima. Decore con cilantro fresco y ¡buen provecho!

CALORÍAS (POR RACIÓN)	499
PROTEÍNAS	16,3 g
GRASA TOTAL	35,2 g
GRASAS SATURADAS	24,2 g
HIDRATOS DE CARBONO	33,9 g
FIBRA DIETÉTICA	10,8 g
AZÚCARES	3,1 g
VITAMINAS	B_6, C

LENTEJAS DU PUY CON ESPÁRRAGOS Y ESCALONIAS

3 raciones | sin gluten

Esta receta es para un plato principal ligero pero consistente si se sirve con una ensalada y pan crujiente. Si no dispone de lentejas du Puy, puede utilizar parda o Verdina.

Prep.: 10 min | Cocción: 30 min

200 g de lentejas francesas du Puy

750 ml de agua

2 cucharadas de aceite de oliva virgen extra

3 o 4 escalonias pequeñas peladas y cortadas en finas láminas

zumo de 1 limón

1 manojo (unos 350 g) de espárragos, sin tallos duros

sal marina y pimienta negra recién molida

1 aguacate laminado para servir

gajos de limón para servir

1 Lave las lentejas bajo el grifo. En una cazuela pequeña, hágalas hervir con el agua, remueva, baje el fuego y poche 25 o 30 minutos, o hasta que queden hechas. Sálelas. Escúrralas y resérvelas.

2 Mientras tanto, caliente el aceite de oliva en una sartén grande. Añada las escalonias y sofríalas a fuego medio bajo durante 15 minutos, removiendo con frecuencia.

3 Suba el fuego a medio alto y agregue el zumo de limón y los espárragos. Deje cocer de 5 a 7 minutos, hasta que los espárragos se pinchen bien con un tenedor. Añada las lentejas a la sartén, salpimiente al gusto y caliente.

4 Sirva caliente, con aguacate laminado y unos gajos de limón por encima.

CALORÍAS (POR RACIÓN)	348
PROTEÍNAS	20,2 g
GRASA TOTAL	10,3 g
GRASAS SATURADAS	1,6 g
HIDRATOS DE CARBONO	46,7 g
FIBRA DIETÉTICA	22,7 g
AZÚCARES	4,3 g
VITAMINAS	A, B_6, C, K

BOL DE SUSHI DECONSTRUIDO

2 raciones | sin gluten

Me encanta el sushi y me encanta prepararlo en casa, pero a veces me da pereza enrollarlo. Así surge el bol de sushi deconstruido: los ingredientes de un delicioso rollo de pepino y aguacate, en un cuenco.

Prep.: 45 min | Cocción: 12 a 15 min

200 g de arroz de grano corto
1 lámina de alga nori tostada
450 g de tofu extrafirme
2 cucharaditas de aceite de oliva
½ cucharadita de jengibre en polvo
1 cucharadita de ajo en polvo
⅛ de cucharadita de pimienta negra recién molida
⅓ de pepino sin semillas y troceado
1 aguacate maduro en láminas
1 cucharada de semillas de sésamo tostadas
jengibre en salmuera para servir
wasabi para servir
salsa tamari para servir
(véase imagen, detrás)

CALORÍAS (POR RACIÓN)	638
PROTEÍNAS	21 g
GRASA TOTAL	25,1 g
GRASAS SATURADAS	3,5 g
HIDRATOS DE CARBONO	86,9 g
FIBRA DIETÉTICA	14,3 g
AZÚCARES	4,6 g
VITAMINAS	C, K

1 Prepare el arroz según las instrucciones del envase. Corte el alga nori en tiritas del tamaño de una cerilla.

2 Precaliente el horno a 190 °C. Para preparar el tofu, envuélvalo en un trapo de cocina limpio y presione ligeramente para que suelte el agua, a mano o colocándolo entre dos platos y aplastándolo con una cazuela de hierro fundido o unos libros. Pasados unos 15 minutos, córtelo en dados, rocíelo con el aceite de oliva y espolvoréelo con el jengibre en polvo, el ajo en polvo, la sal y la pimienta. Colóquelo sobre una bandeja de horno forrada con papel vegetal y cuézalo de 12 a 15 minutos, hasta que se dore.

3 Reparta el arroz en dos boles y añádale el pepino, el aguacate, el alga nori y el tofu. Espolvoree con unas semillas de sésamo y sirva acompañado de jengibre en salmuera, wasabi y salsa tamari.

ENSALADA DE CALABAZA Y MIJO CON PICATOSTES DE GARBANZO

2 raciones | sin gluten

Hay ensaladas que merecen servirse como platos principales. Espere a probar los picatostes de garbanzo: aparte de las hortalizas frescas, ¡seguramente son mi parte preferida!

Prep.: 10 min | Cocción: 55 min

250 ml de agua
100 g de mijo
400 g de calabaza pelada y troceada
1 cucharada de aceite de coco derretido
½ cucharadita de pimentón ahumado
425 g de garbanzos en conserva, lavados y escurridos
1 cucharada de aceite de oliva
1 cucharada de salsa tamari
½ cucharadita de ajo en polvo
1 achicoria
1 lechuga Butter Head (o Bibb)
sal marina
1 ración de Vinagreta de tahina y miso (p. 110)

(véase imagen, página anterior, delante)

CALORÍAS (POR RACIÓN)	668
PROTEÍNAS	26,8 g
GRASA TOTAL	19,5 g
GRASAS SATURADAS	7,8 g
HIDRATOS DE CARBONO	101,9 g
FIBRA DIETÉTICA	23,7 g
AZÚCARES	9,1 g
VITAMINAS	A, C

1 Ponga el agua a hervir en una cazuela mediana, añada una pizca de sal y el mijo, y remueva. Tape la cazuela y poche 20 minutos a fuego lento. Retire del fuego y ahueque con un tenedor. El mijo debe haber absorbido toda el agua y quedado tierno.

2 Mientras tanto, precaliente el horno a 220 °C. Mezcle la calabaza con el aceite de coco y el pimentón. Extienda sobre una bandeja de cristal para el horno y hornee de 25 a 35 minutos, removiendo a media cocción, hasta que quede tierna y empiece a dorarse. Retire del horno y deje templar.

3 Baje la temperatura del horno a 190 °C. Mezcle los garbanzos en un bol con el aceite de oliva, la salsa tamari y el ajo en polvo, y póngalos en una fuente para horno forrada con papel vegetal. Deje en el horno durante 15 a 20 minutos, removiendo cada 5 minutos, hasta que los garbanzos se doren y queden crujientes. Retírelos del horno; seguirán crujientes al templarse.

4 Corte la achicoria y la lechuga con cuchillo o con las manos. Mézclelas con el mijo y la salsa, luego ponga encima la calabaza y los picatostes de garbanzo.

CONSEJO: ¿No tiene lechuga Butter Head o Bibb? ¡No se preocupe! Utilice las hojas de ensalada de temporada: lechuga de hoja de roble, romana, hojas de espinaca o incluso col verde masajeada, todas darán un buen resultado.

HAMBURGUESA DE BONIATO Y HOJAS VERDES

4 raciones

Estas hamburguesas resultan tiernas y ricas, y hacen las delicias de niños y mayores. Normalmente las preparo con hojas de remolacha, pero se puede utilizar cualquier verdura de hoja verde. Son demasiado delicadas para ponerlas directamente al fuego, pero se pueden cocinar en la barbacoa metidas en una sartén de hierro fundido con aceite.

Prep.: 40 min | Cocción: 100 min

1 boniato grande
170 g de alubias pintas cocidas (lavadas y escurridas si son de tarro)
40 g de hojas (de remolacha, rábano, nabo, acelgas, etcétera) troceadas
2 cebollas tiernas cortadas
45 g de copos de avena
1 ½ cucharaditas de salsa Worcestershire vegana
1 cucharadita de vinagre umeboshi
2 cucharadas de tahina
3 cucharadas de salsa tamari
zumo de 1 limón
sal marina y pimienta negra recién molida
4 panecillos de hamburguesa para servir
rúcula o germinados para servir

CALORÍAS (POR RACIÓN)	356
PROTEÍNAS	15,5 g
GRASA TOTAL	7,3 g
GRASAS SATURADAS	1,3 g
HIDRATOS DE CARBONO	60,4 g
FIBRA DIETÉTICA	11,9 g
AZÚCARES	8,2 g
VITAMINAS	A

1 Precaliente el horno a 200 °C. Pinche el boniato varias veces con un tenedor y colóquelo en una bandeja para el horno. Áselo durante una hora o hasta que esté tierno. Retírelo del horno y déjelo templar 5 minutos antes de pelarlo y chafarlo en un bol grande.

2 Añada las alubias pintas al bol y cháfelas también, luego añada las hojas, las cebollas, los copos de avena, la salsa Worcestershire y el vinagre umeboshi, y salpimiente. Mézclelo todo bien. Refrigere la pasta durante 30 minutos.

3 Caliente el horno de nuevo a 200 °C. Forme cuatro tortitas, colóquelas en una bandeja para el horno y áselas 20 minutos, luego deles la vuelta y deje cocer 15 minutos más. Si lo desea, después puede freírlas 2 o 3 minutos por cada lado.

4 Mezcle la tahina, la salsa tamari, el zumo de limón y una pizca de sal marina hasta que liguen. Rebaje la mezcla con un poco de agua hasta obtener la consistencia deseada, si es necesario. Sirva las hamburguesas en los panecillos, con la salsa de tahina y limón y la rúcula o germinados por encima.

CURRY CREMOSO DE ESPINACAS CON PANEER DE TOFU

4 raciones / sin gluten

Preparar este gustoso curry es coser y cantar, y el tofu es un excelente sustituto para el paneer, con su suave sabor y textura. Para animar el plato, utilice más cayena e intente añadir unos 30 g de rúcula a la mezcla.

Prep.: 10 min | Cocción: 20 min

- 450 g de espinacas
- 4 cucharadas de aceite vegetal
- 1 cucharada de semillas de comino
- 1 cucharada de comino molido
- 1 cucharadita de cilantro en polvo
- 1 cucharadita de cúrcuma
- ½ cucharadita de cayena
- 2 cucharaditas de sal marina
- 800 g de tomates en lata enteros, triturados
- 350 g de tofu cortado en cubos de 2,5 cm
- 250 ml de leche de coco con toda su grasa
- arroz basmati integral cocido para servir

CALORÍAS (POR RACIÓN)	349
PROTEÍNAS	9,9 g
GRASA TOTAL	28,3 g
GRASAS SATURADAS	14,2 g
HIDRATOS DE CARBONO	16,8 g
FIBRA DIETÉTICA	5,1 g
AZÚCARES	7 g
VITAMINAS	A, C

1 Lave las espinacas y separe los tallos. Corte los tallos por la mitad y las hojas en trozos de 5 cm. Reserve.

2 Caliente el aceite en una sartén grande. Añada las semillas de comino y sofríalas 30 segundos. Añada el resto de las especias, la sal, los tomates y el tofu. Remueva, baje el fuego, tape y deje cocer 10 minutos.

3 Agregue la leche de coco y los tallos de espinaca, suba el fuego a media potencia y siga cociendo otros 5 o 6 minutos, hasta que los tallos queden tiernos. Luego añada las hojas de espinaca y deje cocer 3 minutos más, hasta que se marchiten. Sirva con arroz basmati integral.

CONSEJO: Esta receta precisa 450 g de espinacas: habitualmente es lo que pesan los manojos que venden en las tiendas de alimentación, de modo que la compra resulta fácil.

ROLLITOS DE BERZA Y QUINOA

4 raciones | sin gluten

No puedo decir que los rollitos de col me gusten demasiado, pero me encanta esta versión con berza y quinoa. Son geniales para las frías noches de invierno.

Prep.: 10 min | Cocción: 55 min

8 hojas de berza grandes
2 cucharadas de aceite de oliva
2 dientes de ajo picados
210 g de quinoa
1 zanahoria grande troceada
½ cucharadita de albahaca seca
½ cucharadita de orégano seco
625 ml de caldo vegetal
1 cebolla pequeña troceada
400 g de tomates en lata enteros o troceados, triturados
¼ de cucharadita de copos de guindilla seca
una pizca de sal marina

(véase imagen, p. 135, detrás)

CALORÍAS (POR RACIÓN)	318
PROTEÍNAS	12,3 g
GRASA TOTAL	11,1 g
GRASAS SATURADAS	1,6 g
HIDRATOS DE CARBONO	43,8 g
FIBRA DIETÉTICA	7,5 g
AZÚCARES	5,7 g
VITAMINAS	A, B_6, C

1 Prepare las hojas de berza. Colóquelas boca abajo. Con cuidado, pase un cuchillo afilado por el nervio central para cortarlo. Corte los restos de tallos. Eche las hojas a un cazo con agua hirviendo durante 1 minuto, y luego retírelas y póngalas en un cuenco con agua helada durante 1 minuto para blanquearlas. Séquelas con toquecitos con un trapo de cocina y resérvelas.

2 En una cazuela mediana, caliente una cucharada de aceite. Añada el ajo y sofríalo 1 o 2 minutos, removiendo para que no se queme. Agregue la quinoa, la zanahoria y las especias, y mézclelo bien con el aceite. Deje cocer 1 minuto más, eche el caldo a la cazuela y deje que hierva. Baje el fuego, tape y poche 15 minutos, hasta que haya absorbido todo el líquido. Retire del fuego y deje reposar 5 minutos, luego ahueque con un tenedor.

3 Caliente el resto del aceite en una sartén pequeña. Añada la cebolla y sofríala hasta que quede blanda y translúcida, unos 5 minutos. Añada los tomates, los copos de guindilla y la sal, y sofría a fuego medio bajo durante 10 minutos.

4 Precaliente el horno a 180 °C. Ponga la mitad de la salsa de tomate en una fuente para el horno de 20 × 20 cm. Extienda una hoja de berza y rellénela con un tercio de taza del preparado con quinoa, hasta justo por debajo de la mitad. Doble los lados sobre la quinoa y envuelva formando un rollito. Colóquelo en la fuente con la unión hacia abajo. Repita la operación con las otras hojas, luego agregue el resto de salsa de tomate por encima. Hornéelo 25 minutos y sirva.

TACOS DE LECHUGA CON QUINOA

2 raciones | sin gluten

Las hojas de lechuga romana son ideales para hacer tacos: con el nervio central y textura crujiente tienen la forma ideal para rellenarlas. Y la quinoa al aroma de comino es un relleno perfecto.

Prep.: 10 min | Cocción: 20 min

170 g de quinoa
250 ml de agua
250 ml de caldo vegetal
1 cucharadita de semillas de comino
300 g de boniato pelado y troceado
170 g de alubias negras (lavadas y escurridas, si son de tarro)
2 cebollas tiernas troceadas
10 g de cilantro troceado
4-6 hojas de lechuga romana
láminas de aguacate para servir
salsa para servir
gajos de lima para servir
(véase imagen, página siguiente, delante)

1 Mezcle la quinoa, el agua, el caldo y las semillas de comino en una cazuela mediana y ponga a hervir. Baje el fuego, tape y poche 15 minutos, hasta que el líquido se absorba. Retire del fuego y deje reposar 5 minutos. Ahueque la quinoa con un tenedor.

2 Mientras tanto, cueza al vapor el boniato hasta que quede tierno, unos 10 minutos. Añada el boniato, las alubias, las cebollas y el cilantro a la quinoa y mézclelo todo bien.

3 Para servir, reparta la mezcla en las hojas de lechuga, a modo de taco, y coloque encima el aguacate, la salsa y unas gotas de lima exprimida.

CALORÍAS (POR RACIÓN)	566
PROTEÍNAS	23,3 g
GRASA TOTAL	6,3 g
GRASAS SATURADAS	0,9 g
HIDRATOS DE CARBONO	105,2 g
FIBRA DIETÉTICA	16,6 g
AZÚCARES	0,8 g
VITAMINAS	A, C

BURRITOS DE SAMOSA CON GUISANTES

4 raciones | con opción sin gluten

¿Para qué hacer samosas si se pueden hacer burritos de samosa y llenarlos de verdura y cosas sanas? Ésta es la cocina de fusión epicúrea como yo la entiendo. Para adaptar la receta, utilice tortillas sin gluten u hojas de berza.

Prep.: 10 min | Cocción: 35 min

- 450 g de patatas peladas y troceadas en dados de 2,5 cm
- 130 g de zanahoria troceada
- 190 g de guisantes
- 2 cucharadas de aceite vegetal, y algo más para freír
- 1 cucharada de semillas de comino
- 1 cucharada de semillas de alholva
- 1 cucharadita de cilantro molido
- ½ cucharadita de mango en polvo o amchoor (opcional)
- 1 cucharadita de sal marina
- 150 g de cebolla troceada
- 45 g de cilantro picado
- 4 tortillas (de 25 cm)
- chutney de mango (opcional) para servir
- lima en escabeche (opcional) para servir

1 Ponga agua a hervir en una olla, añádale las patatas y hiérvalas 10 minutos. Cuando les queden 4 minutos de cocción, incorpore la zanahoria, y cuando quede 1 minuto, los guisantes. Escurra las verduras en un colador.

2 En una sartén mediana, caliente el aceite. Agregue el comino y la alholva y sofría en el aceite caliente 1 minuto, luego añada el resto de especias y la sal y remueva. Incorpore la cebolla y sofría 3 o 4 minutos, hasta que se ablande. Añada las patatas, guisantes, zanahoria y cilantro a las especias y remueva bien, chafándolo todo suavemente con el reverso de la espátula. Deje cocer la mezcla 5 o 6 minutos, hasta que quede bien hecha, luego retire del fuego y deje templar hasta poder manipularla, unos 10 minutos.

3 Con una cuchara, rellene una tortilla con una cuarta parte de la mezcla de patata. Doble los lados hacia dentro y enróllela desde abajo, metiendo los bordes. Colóquela con la unión hacia abajo para que no se abra. Repita la operación con las demás tortillas.

4 Limpie la sartén con papel de cocina y caliente una cucharadita de aceite vegetal. Coloque los burritos en la sartén, con la unión en la parte inferior, y cocínelos 2 minutos. Deles la vuelta y dore la parte superior 2 minutos, hasta que quede crujiente. Sirva con el chutney y el escabeche, si lo desea.

CALORÍAS (POR RACIÓN)	303
PROTEÍNAS	7,9 g
GRASA TOTAL	10,7 g
GRASAS SATURADAS	2 g
HIDRATOS DE CARBONO	46,1 g
FIBRA DIETÉTICA	9,2 g
AZÚCARES	6,9 g
VITAMINAS	A, B_6, C

ENCHILADAS VERDES DE COL Y KABOCHA

4 raciones | con opción sin gluten

Jamás he probado una enchilada vegana que no me gustara, y éstas no son una excepción. Para adaptar la receta, utilice tortillas sin gluten u hojas de berza.

Prep.: 15 min | Cocción: 90 min

1 calabaza kabocha pequeña
4 cucharaditas de aceite de coco
140 g de hojas de col verde, sin tallos
150 g de cebolla troceada
170 g de alubias negras cocidas (lavadas y escurridas, si son de tarro)
1 cucharadita de comino molido
sal marina
8 tortillas de trigo integral (de 15 cm)
¼ de taza de queso vegano rallado (opcional)

PARA LA SALSA DE ENCHILADA

450 g de tomatillos
75 g de cebolla troceada
500 ml de caldo vegetal
1 pimiento jalapeño troceado
10 g de cilantro fresco picado

CALORÍAS (POR RACIÓN)	521
PROTEÍNAS	20,4 g
GRASA TOTAL	10 g
GRASAS SATURADAS	4,3 g
HIDRATOS DE CARBONO	92,1 g
FIBRA DIETÉTICA	17,3 g
AZÚCARES	11,7 g
VITAMINAS	A, B_6, C

1 Precaliente el horno a 180 °C. Parta la calabaza por la mitad de arriba abajo. Quite las semillas e hilillos, coloque las mitades, con el corte hacia arriba, en una fuente para el horno con 0,5 cm de agua. Añada 1 cucharadita de aceite de coco en la cavidad de cada mitad y hornéelas hasta que queden tiernas, unos 45 minutos. Deje templar, luego vacíe la pulpa y córtela en dados. Amontone las hojas de col y córtelas en tiras.

2 Caliente el resto del aceite en una cazuela grande. Sofría la cebolla hasta que cambie de color. Añada la col verde, las alubias, la calabaza y el comino. Deje cocer 5 minutos, hasta que la col quede tierna, luego rectifique de sal y retire del fuego para que se temple.

3 Para la salsa, pele y parta en cuartos los tomatillos. Ponga los tomatillos, la cebolla y el caldo en una cazuela mediana y poche, con tapa, 15 minutos, hasta que los tomatillos queden tiernos. Retire los tomatillos y gran parte de la cebolla con una espumadera y tritúrelos. Devuelva este puré a la cazuela del caldo, añada el jalapeño y el cilantro, suba el fuego para hacer hervir la salsa, y poche hasta que espese y reduzca hasta llenar unas dos tazas.

4 Caliente el horno a 180 °C. Eche media taza de la salsa para la enchilada en una fuente para el horno de 23 × 33 cm. Rellene una tortilla con media taza de la mezcla de col y calabaza y enróllela. Colóquela con la unión hacia abajo en la fuente y repita la operación con el resto de tortillas. Vierta el resto de la salsa sobre las tortillas enrolladas. Si va a usar queso rallado, échelo por encima. Meta en el horno y deje cocer 25 minutos.

CONSEJO: Ahorre tiempo cortando la calabaza en dados y cociéndola al vapor 15 minutos, o hasta que esté tierna. Y en lugar de elaborar la salsa, utilice un tarro de medio kilo de salsa verde para enchiladas.

GRELOS A LA PUTTANESCA

4 raciones | sin gluten

El próximo día que toque pasta, sirva en su lugar una atrevida salsa sobre un lecho de hojas verdes. Cada ración contiene medio manojo de grelos, lo cual hace de este plato un tricampeón: es sano, verde y saciante.

Prep.: 10 min | Cocción: 30 min

- 3 cucharadas de aceite de oliva
- 1 cebolla picada
- 800 g de tomates en lata enteros o troceados, triturados
- 60 ml de vino blanco seco
- 50 g de aceitunas de Kalamata troceadas
- 20 g de tomates secos en aceite troceados
- 2 cucharadas de alcaparras
- 2 manojos de grelos
- 2 dientes de ajo pelados y chafados
- una pizca de copos de guindilla seca (opcional)
- 190 ml de caldo vegetal
- sal marina y pimienta negra recién molida

CALORÍAS (POR RACIÓN)	204
PROTEÍNAS	5,2 g
GRASA TOTAL	12,9 g
GRASAS SATURADAS	1,9 g
HIDRATOS DE CARBONO	17,5 g
FIBRA DIETÉTICA	3,8 g
AZÚCARES	7,6 g
VITAMINAS	A, B_6, C

1 En una cazuela grande, caliente una cucharada de aceite de oliva, añada la cebolla y sofría 5 minutos, hasta que quede translúcida. Agregue el tomate y el vino y deje cocer sin dejar de remover durante 2 minutos. Añada las aceitunas, los tomates secos y las alcaparras. Baje el fuego y poche de 15 a 20 minutos, hasta que la salsa espese. Rectifique de sal.

2 Mientras tanto, lave los grelos y corte la mitad inferior de los tallos. Sacúdalos o centrifúguelos. Caliente el resto del aceite de oliva en una sartén grande con tapa. Incorpore el ajo y los copos de guindilla y cocine 2 o 3 minutos. Luego añada los grelos, dándoles la vuelta con pinzas y añadiendo más a medida que se contraigan de tamaño. Con todos los grelos en la sartén, écheles una buena pizca de sal por encima. Agregue el caldo y suba el fuego. Tape la salsa y deje cocer las verduras de 6 a 8 minutos, hasta que queden tiernas.

3 Para servir, coloque los grelos en una bandeja o en platos individuales. Procure escurrir gran parte del líquido. Vierta la salsa de tomate sobre las verduras, agregue pimienta si lo desea y sirva.

GALETTE DE ESPINACAS Y SETAS

6 raciones

La galette es una torta de forma libre de la cocina francesa. Puede ser dulce, pero la galette salada es un plato ideal para añadir a su repertorio culinario. No se deje amedrentar por la masa casera: es muy fácil de hacer, y como se trata de un plato rústico, no hace falta que quede perfecta.

Prep.: 30 min | Cocción: 30 min

- 125 g de harina integral
- 30 g de harina de uso general
- 60 ml de aceite de coco
- 125 ml de agua helada
- 2 champiñones portobello
- 2 cucharadas de aceite de oliva, más 1 ½ cucharaditas
- 1 diente de ajo grande picado
- 6-8 champiñones cremini
- 1 cucharadita de hojas de tomillo fresco
- 120 g de espinacas
- 240 g de tofu firme
- 3 cucharaditas de zumo de limón
- 1 cucharadita de levadura nutricional
- ¼ de cucharadita de ajo en polvo
- sal marina y pimienta negra recién molida

CALORÍAS (POR RACIÓN)	266
PROTEÍNAS	7,5 g
GRASA TOTAL	17,1 g
GRASAS SATURADAS	9,1 g
HIDRATOS DE CARBONO	22,8 g
FIBRA DIETÉTICA	1,9 g
AZÚCARES	0,9 g
VITAMINAS	A

1 Prepare la masa. En un cuenco grande, mezcle las harinas y media cucharadita de sal. Con un cortapastas o con los dedos, incorpore el aceite de coco a la harina, dejando pequeños grumos. Rocíe con el agua y trabaje la masa hasta que se ligue. Forme una bola, envuélvala en papel film transparente y refrigérela durante 20 minutos.

2 Retire los tallos y láminas oscuras de los portobellos y córtelos en tiras de 1 cm de grosor. Caliente dos cucharadas de aceite en una sartén grande a fuego medio, añada el ajo y sofría hasta que suelte su aroma, más o menos 1 minuto. Agregue las setas y una buena pizca de sal marina y deje cocer, removiendo de vez en cuando, de 15 a 20 minutos, hasta que las setas suelten el agua y ésta se evapore. Retire la sartén del fuego, espolvoree con tomillo y reserve.

3 Mientras tanto, cueza las espinacas al vapor ligeramente, de 30 a 60 segundos, hasta que se marchiten parcialmente pero conserven cierta estructura. Deje templar.

4 Coloque el tofu, el zumo de limón, una cucharadita y media de aceite, la levadura y el ajo en polvo en la batidora y tritúrelo hasta que quede una pasta homogénea. Salpimiente al gusto, luego pase a un bol. Añada las espinacas y mézclelo todo con las manos.

5 Precaliente el horno a 200 °C. Sobre una hoja de papel vegetal, desenrolle la masa formando un círculo de unos 30 cm de diámetro. Pase la masa y el papel a una bandeja para el horno y cúbrala con la mezcla de espinacas y tofu, dejando un margen de unos 5 cm alrededor. Ponga los cremini encima, dejando también el margen. Con cuidado, doble el margen hacia el interior cubriendo parcialmente el relleno y pinzándolo.

6 Hornee de 30 a 35 minutos, hasta que los bordes de la masa se doren. Retire del horno y deje reposar 5 minutos antes de cortar y servir.

TAJÍN CON CUSCÚS DE ALBARICOQUE

4 raciones | con opción sin gluten

El tajín es un estofado marroquí que toma el nombre de los bellos recipientes de barro en que se cocina tradicionalmente. Yo no dispongo de uno, pero esto no me impide elaborar este plato lleno de sabor y cargado de verduras y el aroma de la canela y las pasas. Para adaptar la receta, sírvala con mijo en lugar de cuscús.

Prep.: 15 min | Cocción: 25 min

1 cucharada de aceite de coco
1 cebolla mediana troceada
un trozo de jengibre fresco de 2,5 cm picado
1 cucharada de harisa
1 ramita de canela
1 cucharadita de semillas de comino
½ cucharadita de pimentón ahumado
400 g de tomates en lata troceados
110 g de garbanzos en conserva, lavados y escurridos
1 zanahoria troceada
1 calabacín troceado
90 g de brócoli troceado
150 g de alubias verdes troceadas
1 rama de apio troceada
50 g de guisantes
50 g de pasas
375 ml de agua
180 g de cuscús
6 albaricoques sin anhídrido sulfuroso, cortados pequeños
¼ de cucharadita de canela
sal marina
un puñado de cilantro fresco picado para servir
2 cucharadas de almendras laminadas para servir

1 Caliente el aceite a fuego medio alto en una cazuela grande con tapa ajustada. Agregue la cebolla, el jengibre y la harisa, y deje cocer mientras remueve 2 o 3 minutos. Añada la ramita de canela, las semillas de comino, el pimentón y los tomates. Remueva bien y lleve al punto de ebullición. Entonces incorpore los garbanzos, las verduras y las pasas, y remueva.

2 Baje el fuego, luego tape y deje pochar 15 minutos, o hasta que las verduras estén tiernas. Rectifique de sal.

3 Mientras tanto, ponga el agua a hervir en una cazuela pequeña. Eche el cuscús, los albaricoques y la canela, y enseguida retire del fuego, tape y deje reposar 5 o 6 minutos. Ahueque con un tenedor.

4 Reparta el cuscús de albaricoque en cuatro platos y cubra con el tajín, el cilantro fresco y las almendras.

CALORÍAS (POR RACIÓN)	426
PROTEÍNAS	13,4 g
GRASA TOTAL	6,9 g
GRASAS SATURADAS	3,2 g
HIDRATOS DE CARBONO	80,6 g
FIBRA DIETÉTICA	12,1 g
AZÚCARES	21,6 g
VITAMINAS	A, B_6, C

PASTELES Y POSTRES

CRUJIENTES DE COL VERDE CON CHOCOLATE

6 raciones | sin gluten

En lugar de los bocados crujientes de col verde salados, cambie de tercio y báñelos con chocolate.

Prep.: 15 min | Cocción: 45 a 60 min

- 1 manojo de col verde (unos 450 g)
- 5 cucharadas de aceite de coco derretido
- 1 cucharadita de extracto puro de vainilla
- 3 cucharadas de sirope de agave
- 30 g más 2 cucharadas de cacao puro en polvo
- 2 cucharadas de semillas de chía
- 3 cucharadas de coco rallado sin endulzar

(véase imagen, página siguiente, detrás)

1 Precaliente el horno a 110 °C. Forre dos bandejas con papel vegetal.

2 Lave la col y, con un cuchillo afilado, corte el nervio duro de las hojas. Amontónelas y córtelas para obtener bocados grandes. Seque con toquecitos y reserve.

3 En un cuenco grande, mezcle el aceite de coco, la vainilla y el agave. Agregue el cacao en polvo con cuidado para que no se formen grumos. Añada las semillas de chía y el coco.

4 Añada la col a la mezcla de chocolate y remueva bien para que las hojas queden impregnadas de ella. Extienda la col sobre las bandejas procurando que se forme una sola capa.

5 Hornee entre 45 y 60 minutos con la puerta del horno entreabierta. Con cuidado, cambie de posición la col tras 30 minutos de cocción y mueva las bandejas para que la cocción sea uniforme. Vigile la col para que no se queme. Retire del horno y deje templar antes de servir.

CALORÍAS (POR RACIÓN)	219
PROTEÍNAS	4,6 g
GRASA TOTAL	13,9 g
GRASAS SATURADAS	11,2 g
HIDRATOS DE CARBONO	21,5 g
FIBRA DIETÉTICA	6,5 g
AZÚCARES	5,6 g
VITAMINAS	A, C, K

BROWNIES CON INGREDIENTE SECRETO

16 porciones

Pastelitos de chocolate esponjosos, densos y gomosos elaborados con… ¡espinacas!

Prep.: 10 min | Cocción: 35 min

90 g de hojas de espinacas envasadas
190 ml de leche vegetal
250 g de azúcar de caña sin refinar
2 cucharadas de aceite de coco derretido
165 g de harina de trigo integral
60 g de cacao en polvo
1 cucharadita de levadura en polvo
¼ de cucharadita de sal
75 g de pepitas de chocolate no lácteas
(véase imagen, delante)

1 Precaliente el horno a 180 °C. Engrase un molde de 20 × 20 cm.

2 Triture las espinacas con la leche vegetal hasta que quede una mezcla homogénea. Vierta la mezcla en un bol y añada el azúcar y el aceite de coco.

3 En otro cuenco, mezcle la harina, el cacao, la levadura y la sal. Incorpore estos ingredientes a los húmedos y remueva hasta conseguir una masa espesa. Agregue las pepitas de chocolate.

4 Vierta la masa en el molde y hornee 35 minutos o hasta que al introducir un palillo en el margen de la masa, éste salga limpio; puede quedar menos hecho del centro. Deje templar y sirva.

CALORÍAS (POR RACIÓN)	167
PROTEÍNAS	2,3 g
GRASA TOTAL	6,1 g
GRASAS SATURADAS	4,9 g
HIDRATOS DE CARBONO	29,1 g
FIBRA DIETÉTICA	1,5 g
AZÚCARES	18,6 g
VITAMINAS	A, K

TORTA DE CHOCOLATE CON AGUACATE

10 raciones | sin gluten

Una bonita torta que no precisa cocción, repleta de grasas cardiosaludables gracias a las avellanas y el aguacate.

Prep.: 20 min | Cocción: 15 min

150 g de avellanas, más una cucharada
180 g de dátiles Medjool deshuesados
30 g de cacao en polvo, más 2 cucharadas
2 aguacates grandes o 3 pequeños
una pizca de sal marina
3 cucharadas de jarabe de arce
35 g de pepitas de chocolate no lácteas

CALORÍAS (POR RACIÓN)	220
PROTEÍNAS	3,4 g
GRASA TOTAL	13,9 g
GRASAS SATURADAS	2,8 g
HIDRATOS DE CARBONO	26,1 g
FIBRA DIETÉTICA	5,7 g
AZÚCARES	17,4 g
VITAMINAS	E, K

1 Precaliente el horno a 150 °C.

2 Tueste 150 g de avellanas en una bandeja al horno 10 minutos. Déjelas templar, luego envuélvalas en un trapo de cocina limpio y frote para que se desprendan las pieles.

3 Incorpore los frutos secos a la batidora y tritúrelos hasta obtener una harina gruesa. Añada los dátiles y dos cucharadas de cacao en polvo, y triture hasta que la mezcla alcance una textura pegajosa como de migas. Al pellizcarla con dos dedos, debe pegarse: si no, es demasiado seca, y entonces hay que añadir una cucharada de agua y volver a probar. Forre una tartera de 23 cm de diámetro y base desmontable con la mezcla y presione. (También se puede utilizar un molde con aro de resorte o incluso un molde redondo, aunque la presentación no será tan vistosa).

4 Prepare el relleno con el resto del cacao en polvo, la pulpa del aguacate, la sal y el jarabe de arce en la batidora. Triture hasta obtener una masa homogénea. Rellene la base con la mezcla y aplane con ayuda de una espátula o el dorso de una cuchara.

5 Derrita las pepitas de chocolate al baño María o en el microondas y decore la tarta con la salsa. Trocee el resto de avellanas y échelas por encima. Refrigere la tarta durante una hora o hasta el momento de servirla.

GALLETAS DE ESPINACAS Y JENGIBRE

24 galletas

Esta receta deriva de las populares galletas de melaza y jengibre que vendo en mi tienda, con una dosis de verde, por supuesto. El puré de espinacas aporta humedad, cosa que consigue una galleta más tierna. También se puede utilizar col verde si no se dispone de espinacas.

Prep.: 10 min | Cocción: 15 min

125 g de harina de espelta o de trigo integral
125 g de harina de uso general
100 g de azúcar de caña sin refinar, más 2 cucharadas para rebozar
1 cucharada de jengibre molido
½ cucharadita de canela
una pizca de clavo en polvo
1 cucharadita de levadura en polvo
½ cucharadita de bicarbonato
½ cucharadita de sal marina
30 g de espinacas, hojas y tallos
60 ml de agua
60 ml de aceite de colza
60 ml de melaza

(véase imagen, página siguiente, delante)

CALORÍAS (POR RACIÓN)	91
PROTEÍNAS	1,3 g
GRASA TOTAL	2,4 g
GRASAS SATURADAS	0 g
HIDRATOS DE CARBONO	16,8 g
FIBRA DIETÉTICA	0,8 g
AZÚCARES	8,2 g
VITAMINAS	A

1 Precaliente el horno a 190 °C. Forre una bandeja de horno con papel vegetal.

2 En un cuenco grande, mezcle bien las harinas, el azúcar, las especias, la levadura, el bicarbonato y la sal.

3 Triture las espinacas, el agua y el aceite juntos hasta obtener un puré. Añada la melaza. Agregue los ingredientes húmedos a los secos y mézclelos bien.

4 Forme bolas con la masa trabajándolas con las manos húmedas. Pase las bolas por el azúcar y luego aplánelas con la base de un vaso o con la mano y colóquelas en la bandeja. Hornee de 13 a 15 minutos, hasta que los bordes de las galletas se endurezcan un poco. Deje templar en la bandeja del horno 5 minutos antes de pasarlas a una rejilla para que acaben de enfriarse.

GALLETAS DE CALABACÍN Y AVENA

16-20 galletas

Estas galletas surgieron de otras que preparé para el desayuno de mi hijo de un año. Para mi gusto, les faltaba azúcar y algo de sabor, y así fue como nacieron estas galletas de calabacín.

Prep.: 10 min | Cocción: 18 min

1 cucharada de semillas de chía
4 cucharadas de agua
2 cucharadas de mantequilla vegana
200 g de azúcar moreno
125 g de harina de trigo integral
1 cucharadita de levadura en polvo
½ cucharadita de canela
¼ de cucharadita de nuez moscada
120 g de copos de avena
120 g de calabacín rallado
40 de pasas (opcional)
(véase imagen, detrás)

1 Precaliente el horno a 190 °C. Forre una bandeja de horno con papel vegetal.

2 Mezcle las semillas de chía con tres cucharadas de agua y deje reposar 5 minutos hasta que se forme una gelatina.

3 En un cuenco, mezcle la mantequilla con el azúcar. Añada la gelatina de chía y la restante cucharada de agua y mezcle bien.

4 Añada la harina, la levadura, la canela y la nuez moscada, y mezcle bien. Agregue los copos de avena. Incorpore a la masa el calabacín y las pasas, si las utiliza.

5 Haga montones grandes en la bandeja del horno y aplánelos sólo un poco. Hornee de 16 a 18 minutos, o hasta que las galletas se doren ligeramente y ya no parezcan «húmedas». Páselas a una rejilla para que se enfríen.

CALORÍAS (POR RACIÓN)	125
PROTEÍNAS	2 g
GRASA TOTAL	2,1 g
GRASAS SATURADAS	0 g
HIDRATOS DE CARBONO	25,3 g
FIBRA DIETÉTICA	1,3 g
AZÚCARES	13,7 g
VITAMINAS	C

PASTEL CON CREMA DE AGUACATE Y KIWI

8 raciones

Se trata del pastel que preparé para el primer cumpleaños de mi hijo. Es delicioso, aunque a él le interesó más el kiwi que lo corona.

Prep.: 10 min | Cocción: 40 min

- 190 ml de leche de almendras
- 1 cucharadita de vinagre de manzana
- 85 ml de aceite vegetal o de colza
- 170 ml de jarabe de arce
- 210 g de harina de uso general
- 1 cucharadita de levadura en polvo
- ½ cucharadita de bicarbonato
- ¼ de cucharadita de sal marina fina

PARA LA CREMA

- 2 aguacates grandes maduros
- zumo de ½ lima
- 2 cucharadas de sirope de agave
- 2 kiwis pelados y en rodajas

CALORÍAS (POR RACIÓN)	421
PROTEÍNAS	4,4 g
GRASA TOTAL	24,7 g
GRASAS SATURADAS	7,5 g
HIDRATOS DE CARBONO	49,2 g
FIBRA DIETÉTICA	5,3 g
AZÚCARES	21,1 g
VITAMINAS	C, K

1 Precaliente el horno a 160 °C. Engrase ligeramente y espolvoree con harina dos moldes de bizcocho de 15 cm de diámetro y resérvelos.

2 Mezcle la leche de almendras y el vinagre y deje reposar uno o dos minutos para que cuaje. Luego añada el aceite y el jarabe de arce y remueva.

3 Agregue los ingredientes secos y mezcle hasta que se incorporen a la masa y no queden grumos.

4 Reparta la masa en los dos moldes y hornéelos durante 35-40 minutos, o hasta que al pinchar con un palillo, éste salga limpio. Retire del horno y deje templar.

5 Para la crema, extraiga la pulpa de los aguacates y tritúrela en la batidora con el zumo de lima y el agave hasta obtener una pasta suave y cremosa. Limpie los lados del vaso de batir si es necesario mientras tritura. Vaya probando la mezcla y añada más sirope de agave hasta conseguir el dulzor deseado.

6 Desmolde los bizcochos. Extienda la mitad de la crema sobre uno de ellos y luego coloque el otro encima para untarlo a su vez con el resto de la crema y las rodajas de kiwi. El zumo de lima ayudará a mantener el color verde de la crema, pero no durante mucho rato, por lo que conviene preparar la crema y montar el pastel justo antes de servirlo.

PASTEL PARA EL CAFÉ CON CRUMBLE DIVINO DE GRANOLA

9 raciones

Este pastel es como su magdalena preferida con crumble crujiente encima, por lo que le garantizo que desaparece en un abrir y cerrar de ojos. También es una manera ideal de emplear un resto de granola.

Prep.: 10 min | Cocción: 25 min

185 g de harina de trigo integral o de espelta
100 g de azúcar de caña sin refinar
1 ½ cucharaditas de levadura en polvo
1 cucharadita de canela
¼ de cucharadita de sal
190 ml de leche de almendras
60 ml de aceite vegetal

PARA EL CRUMBLE

100 g de Granola diosa verde (p. 27)
65 g de azúcar moreno
2 cucharadas de harina de trigo integral
2 cucharadas de mantequilla vegana

1 Precaliente el horno a 200 °C. Engrase ligeramente un molde de 20 × 20 cm.

2 Mezcle los ingredientes secos. Añada la leche y el aceite y remueva para obtener una pasta espesa. Vierta la masa en el molde.

3 Mezcle los ingredientes para el crumble hasta obtener una textura arenosa. Reparta el crujiente sobre la masa y presione levemente.

4 Hornee de 20 a 25 minutos, o hasta que al pinchar con un palillo, éste salga limpio. Deje templar 10 o 15 minutos, luego corte y sirva.

CALORÍAS (POR RACIÓN)	219
PROTEÍNAS	2,6 g
GRASA TOTAL	11 g
GRASAS SATURADAS	5,5 g
HIDRATOS DE CARBONO	28,7 g
FIBRA DIETÉTICA	1,2 g
AZÚCARES	11,8 g
VITAMINAS	A

BIZCOCHO DE LIMÓN Y PEREJIL

8-10 raciones

Este bizcocho ofrece un sabor intenso y a la vez resulta ligero. Sorprende a cada bocado con la mezcla del limón, el refrescante perejil y el aceite de oliva.

Prep.: 10 min | Cocción: 50 min

250 g de harina de uso general
½ cucharadita de bicarbonato
1 cucharadita de levadura en polvo
¼ de cucharadita de sal
200 g de azúcar de caña sin refinar
60 ml de yogur natural no lácteo
125 ml de aceite de oliva
1 cucharada de raspadura de limón
60 ml de zumo de limón recién exprimido
60 ml de agua
20 g de perejil de hoja plana, sin tallos y picado
azúcar glas para decorar *(véase imagen, detrás)*

1 Precaliente el horno a 180 °C. Engrase ligeramente un molde de 23 cm de diámetro y espolvoréelo con harina.

2 Tamice la harina, la levadura, el bicarbonato y la sal en un cuenco y mezcle los ingredientes. Reserve.

3 En otro bol, mezcle el azúcar, el yogur y el aceite hasta obtener una masa homogénea. Añada la raspadura de limón, el zumo y el agua, y mezcle bien.

4 Practique un hueco en los ingredientes secos y vierta en él los húmedos. Mezcle con cuidado y agregue el perejil.

5 Vierta la masa en el molde y hornee entre 45 y 50 minutos, o hasta que al pinchar con un palillo, éste salga limpio. Deje templar el bizcocho durante al menos 30 minutos antes de desmoldarlo. Vuélquelo en un plato, espolvoree con azúcar glas y sirva.

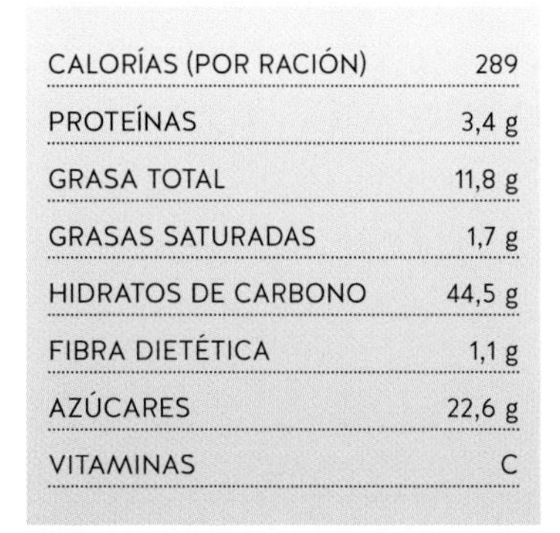

CALORÍAS (POR RACIÓN)	289
PROTEÍNAS	3,4 g
GRASA TOTAL	11,8 g
GRASAS SATURADAS	1,7 g
HIDRATOS DE CARBONO	44,5 g
FIBRA DIETÉTICA	1,1 g
AZÚCARES	22,6 g
VITAMINAS	C

PASTEL TRIPLE DE CHOCOLATE Y REMOLACHA

10-12 raciones

Este pastel de chocolate es delicioso: de los que uno no puede dejar de cortarse pedacitos hasta que de repente ha acabado con el pastel entero.

Prep.: 15 min | Cocción: 45 min

1 manojo de remolacha (4 remolachas pequeñas, más 80 g de hojas)
125 ml de aceite vegetal
200 g de azúcar moreno
65 g de azúcar de caña sin refinar
1 cucharadita de extracto puro de vainilla
75 g de pepitas de chocolate no lácteas
210 g de harina de uso general
30 g de cacao en polvo
2 cucharaditas de levadura en polvo
¼ de cucharadita de sal

PARA EL GANACHE

75 g de pepitas de chocolate no lácteas
2 cucharadas de aceite de coco

(véase imagen, p. ant., delante)

CALORÍAS (POR RACIÓN)	344
PROTEÍNAS	3,8 g
GRASA TOTAL	15,8 g
GRASAS SATURADAS	6,1 g
HIDRATOS DE CARBONO	50,9 g
FIBRA DIETÉTICA	2,1 g
AZÚCARES	32,4 g
VITAMINAS	A, K

1 Precaliente el horno a 180 °C. Engrase ligeramente un molde para roscón y espolvoréelo con una o dos cucharaditas de cacao.

2 Corte las hojas de la remolacha. Lave y corte las remolachas en trozos de 2,5 cm. Trocee las hojas. Cueza al vapor las remolachas de 10 a 15 minutos, hasta que se pinchen fácilmente con un tenedor, luego añádales las hojas y siga cociendo otros 5 minutos. Pase a la batidora y triture hasta obtener un puré suave, añadiendo una cucharada de agua si hace falta. Debe conseguir alrededor de 330 ml de puré.

3 En un cuenco grande, mezcle el aceite, los azúcares y la vainilla. Funda las pepitas de chocolate al baño María o en el microondas. Añada el chocolate fundido al azúcar, luego el puré de remolacha, y mezcle bien.

4 Tamice juntos la harina, el cacao, la levadura y la sal. Agréguelos a los ingredientes húmedos y remueva con cuidado hasta que no queden grumos. Vierta la masa en el molde y hornee durante 45 minutos, o hasta que al pinchar con un palillo, éste salga limpio. Deje templar 15 minutos en el molde, luego vuélquelo en una rejilla para que acabe de enfriarse.

5 Para el ganache, derrita las pepitas de chocolate con el aceite hasta obtener una mezcla homogénea. Cubra el pastel con el ganache y sirva.

PASTEL DE CHOCOLATE CON CALABACÍN

8-10 raciones

El calabacín es una verdura ideal para pasteles, por su sabor suave, dulzor natural y elevado contenido de agua. Nadie adivinará que este rico bizcocho de chocolate lleva verdura a menos que se lo diga. Es tan dulce que ni hace falta glasearlo: un poco de azúcar glas por encima es el acabado perfecto. ¡Le encantará a usted y a sus invitados!

Prep.: 10 min | Cocción: 1 h

- 125 g de harina de uso general
- 200 g de azúcar de caña sin refinar
- 60 g de cacao en polvo
- 1 cucharadita de levadura en polvo
- 1 cucharadita de bicarbonato
- ½ cucharadita de canela
- ¼ de cucharadita de sal marina
- 170 ml de aceite vegetal
- 125 ml de leche de almendras
- 180 g de calabacín rallado
- azúcar glas para decorar

1. Precaliente el horno a 180 °C. Engrase ligeramente un molde de 15 o 20 cm de diámetro.

2. Mezcle la harina, el azúcar, el cacao, la levadura, el bicarbonato, la canela y la sal en un cuenco grande.

3. Mezcle el aceite con la leche en otro cuenco y añádalos a los ingredientes secos. Remueva hasta conseguir una masa espesa. Luego agregue el calabacín.

4. Vierta la masa en el molde y hornee de 50 a 60 minutos, o hasta que al pinchar con un palillo, éste salga limpio.

5. Deje templar el bizcocho antes de desmoldarlo, espolvorear el azúcar por encima y cortarlo.

CALORÍAS (POR RACIÓN)	340
PROTEÍNAS	2,8 g
GRASA TOTAL	22,2 g
GRASAS SATURADAS	6,8 g
HIDRATOS DE CARBONO	37,2 g
FIBRA DIETÉTICA	2,4 g
AZÚCARES	23,1 g
VITAMINAS	C

MACEDONIA DE FRESAS, KIWI Y PEPINO CON NATA DE COCO

4 raciones | sin gluten

Esta macedonia de fruta y verdura es el postre ideal cuando hace demasiado calor para encender el horno. El pepino es especialmente hidratante, y tomar esta ensalada es más divertido que beber un vaso de agua, en mi humilde opinión.

Preparación: 15 min

300 g de fresas
3 kiwis
½ pepino

PARA LA NATA DE COCO
400 ml de leche de coco con toda su grasa
3 cucharadas de azúcar glas

(véase imagen, página siguiente, detrás)

1 Trocee las fresas, pele y corte los kiwis en rodajas, y pele, quite las semillas y trocee el pepino. Mézclelo todo en un cuenco.

2 Para la nata de coco, refrigere la lata de leche de coco toda la noche, o al menos 6 horas. Abra la lata, pero acuérdese de no agitarla. Quite la crema espesa (que habrá quedado en la parte superior) y pásela a un cuenco metálico refrigerado. Reserve el agua de coco (guárdela para un Batido de cerezas y col verde, p. 24). Tamice el azúcar al echarlo en el cuenco y con una batidora eléctrica monte la nata de coco hasta que forme puntas. Utilícela enseguida o consérvela en el frigorífico hasta su uso. Es posible que deba batirla de nuevo para que suba antes de servirla.

3 Reparta la fruta en copas y sírvala con una cucharada grande de nata de coco encima.

CALORÍAS (POR RACIÓN)	290
PROTEÍNAS	3 g
GRASA TOTAL	20,9 g
GRASAS SATURADAS	18,6 g
HIDRATOS DE CARBONO	24,6 g
FIBRA DIETÉTICA	7,5 g
AZÚCARES	16,2 g
VITAMINAS	B_6, C

MACEDONIA DE COL VERDE CON DULCE MASAJE Y SALSA DE CHOCOLATE

8-10 raciones | sin gluten

He aquí una manera deliciosa de tomar verdura de postre. Me encantan las ensaladas de col verde, y con un poco de salsa de chocolate, ¡parece una fondue de ensalada!

Preparación: 10 min

210 g de col verde
1 cucharadita de jarabe de arce
125 g de frambuesas
145 g de arándanos
1 plátano maduro pero firme en rodajas

PARA LA SALSA DE CHOCOLATE
60 ml de aceite de coco derretido
30 g de cacao en polvo
3 cucharadas de jarabe de arce
(véase imagen, delante)

1 Retire los tallos y nervios centrales de las hojas de col verde. Enróllelas y córtelas para obtener tiritas finas.

2 Rocíe la col con el jarabe de arce y realice un masaje hasta que las hojas se ablanden. Repártalas en platos individuales y disponga la fruta encima.

3 Para la salsa de chocolate, mezcle los ingredientes hasta obtener una salsa suave. Rocíe sobre las hojas de col y la fruta y sirva.

CALORÍAS (POR RACIÓN)	214
PROTEÍNAS	3,1 g
GRASA TOTAL	12,4 g
GRASAS SATURADAS	10,2 g
HIDRATOS DE CARBONO	28,7 g
FIBRA DIETÉTICA	5,4 g
AZÚCARES	14,7 g
VITAMINAS	A, B_6, C

CHEESECAKE DE VAINILLA Y MENTA

8-10 raciones | sin gluten

El chocolate combina de maravilla con la menta, pero la vainilla combinada con la menta resulta igualmente deliciosa, y este fantástico pastel que no precisa cocción es prueba de ello. Se puede preparar el pastel como tal o en forma de barritas. A mí, me gusta tener barritas en el congelador y degustarlas como helados.

Prep.: 10 min | Refrigeración: 2 h

- 170 g de almendras
- una pizca de sal marina
- 180 g de dátiles
- 250 g de anacardos crudos, en remojo entre 4 y 6 horas
- 60 ml de sirope de agave
- 2 cucharadas de aceite de coco derretido
- 2 cucharadas de zumo de limón
- 1 cucharadita de extracto puro de vainilla
- 15 g de espinacas
- 1 cucharada de menta fresca

1 Triture con la batidora las almendras con la sal hasta conseguir una harina gruesa. Añada los dátiles y triture hasta que se forme una pasta pegajosa. Unte con esta pasta un molde de 15 cm de diámetro o uno de 20 × 20 cm si desea preparar barritas. Métalo en el congelador mientras elabora el relleno.

2 Escurra y pase por agua los anacardos. Tritúrelos en la batidora con el agave, el aceite de coco, el zumo de limón y la vainilla hasta obtener una consistencia suave. Vierta tres cuartas partes de la mezcla sobre la masa refrigerada y extiéndala con la ayuda de una espátula.

3 A la mezcla restante de la batidora, añada las espinacas y la menta y triture hasta conseguir una mezcla homogénea. Viértala sobre el relleno de vainilla y de nuevo extiéndalo con la ayuda de una espátula. Si le apetece, añada la mezcla al pastel cucharada a cucharada, luego con un palillo o un pincho dibuje círculos para formar un efecto marmoleado.

4 Vuelva a meter el pastel en el congelador durante al menos 2 horas. Córtelo mientras aún esté congelado y luego déjelo descongelar en la nevera durante una hora antes de servirlo, o sírvalo directamente si desea disfrutar de una tarta helada.

CALORÍAS (POR RACIÓN)	296
PROTEÍNAS	6,3 g
GRASA TOTAL	19 g
GRASAS SATURADAS	5,1 g
HIDRATOS DE CARBONO	30 g
FIBRA DIETÉTICA	4 g
AZÚCARES	19,1 g
VITAMINAS	E

GRANIZADO DE APIO Y POMELO

4 raciones | sin gluten

Un postre refrescante que limpia el paladar. El apio y el pomelo combinan a la perfección en este capricho congelado.

Prep.: 10 min | Refrigeración: 3 h

200 g de apio
1 pomelo Ruby Red pelado
60 ml de sirope básico con infusión de diente de león (p. 173)
frambuesas frescas para servir

(véase imagen, página siguiente, detrás)

1 Corte el apio y el pomelo en bocaditos y métalos en el congelador una hora.

2 Triture las verduras congeladas con el sirope hasta que quede una pasta homogénea. Vierta el contenido en una fuente de cristal y vuelva a meter en el congelador dos horas, sacándolo cada media hora más o menos para desmenuzar el preparado con un tenedor.

3 Reparta en platos para servirlo y decore con unas frambuesas.

CALORÍAS (POR RACIÓN)	58
PROTEÍNAS	0,5 g
GRASA TOTAL	0,1 g
GRASAS SATURADAS	0 g
HIDRATOS DE CARBONO	14,6 g
FIBRA DIETÉTICA	1 g
AZÚCARES	13,6 g
VITAMINAS	A, C

POLOS DE AGUACATE Y CHOCOLATE

6-10 raciones | sin gluten

Fantásticos dulces para el verano y mucho más sanos que los elaborados industriales. Para los pequeños y los no tan pequeños.

Prep.: 20 min | Refrigeración: 1 h

8 dátiles Medjool
170 ml de agua caliente
2 aguacates
170 ml de leche de almendras o de coco, más 2 cucharadas
4 cucharadas de cacao en polvo
2 cucharadas de jarabe de arce
una pizca de sal
(véase imagen, delante)

1 Deshuese los dátiles y póngalos a remojar en agua caliente 15 minutos. Escúrralos y reserve el agua, y tritúrelos en la batidora con el agua del remojo y el resto de ingredientes hasta obtener una pasta de textura suave.

2 Vierta en moldes para polo y congélelos.

CALORÍAS (POR RACIÓN)	248
PROTEÍNAS	2,9 g
GRASA TOTAL	15,8 g
GRASAS SATURADAS	7,3 g
HIDRATOS DE CARBONO	29,2 g
FIBRA DIETÉTICA	6,5 g
AZÚCARES	20,2 g
VITAMINAS	K

STRUDEL DE COL

12 raciones

Inspirada en un plato tradicional húngaro, esta receta demuestra la versatilidad de la col.

Prep.: 20 min | Cocción: 45 min

3 cucharadas de aceite de coco, más 60 ml derretido para barnizar la masa

½ col blanca o col lombarda en tiras

1 manzana rallada

¼ de cucharadita de sal

65 g de azúcar de caña sin refinar, más 5 cucharadas para espolvorear

80 g de pasas

4 hojas de pasta filo

1 Precaliente el horno a 190 °C. Forre una bandeja con papel vegetal.

2 En una cazuela grande, derrita las tres cucharadas de aceite de coco, luego añada la col y sofríala hasta que quede tierna, unos 10 minutos. Agregue la manzana, la sal, el azúcar y las pasas y deje cocer 3 o 4 minutos, hasta que reduzca todo el jugo. Retire del fuego y deje templar completamente, unos 30 minutos.

3 Extienda una hoja de pasta filo sobre la bandeja. Barnícela con el aceite de coco derretido y luego espolvoree una cucharada de azúcar. Coloque otra hoja de pasta filo encima, unte con el aceite y espolvoree azúcar. Repita la operación con las otras dos hojas. Extienda el relleno ya frío a lo largo sobre la última capa de pasta filo. Enrolle la pasta, metiendo los extremos, y coloque el rollo con la unión hacia abajo. Barnice la parte superior con aceite y espolvoree con el resto del azúcar.

4 Hornee 30 minutos, hasta que la parte superior se dore, luego retire del horno. Deje templar 10 minutos antes de cortar y servir.

CALORÍAS (POR RACIÓN)	188
PROTEÍNAS	1,8 g
GRASA TOTAL	8,3 g
GRASAS SATURADAS	6,9 g
HIDRATOS DE CARBONO	28,8 g
FIBRA DIETÉTICA	1,3 g
AZÚCARES	16,5 g
VITAMINAS	B_6, C

TARTA DE RUIBARBO Y ACELGAS

8-10 raciones

Ésta es una de mis recetas preferidas. Es una buena manera de evitar que se estropeen las pencas de las acelgas rojas, que al cocinarlas con el ruibarbo resultan casi indistinguibles del mismo. Por supuesto, se pueden utilizar los tallos de cualquier variedad de acelga, pero la vistosidad de los tallos rojos resulta especialmente atractiva.

Prep.: 20 min | Cocción: 40 min

85 ml de aceite de coco o 70 g de mantequilla vegana
125 g de harina de uso general
30 g de azúcar glas

PARA EL RELLENO
400 g de ruibarbo troceado
70 g de pencas de acelga troceadas
200 g de azúcar de caña sin refinar
3 cucharadas de harina de uso general
1 cucharada de harina de maíz

helado de leche de coco para servir

CALORÍAS (POR RACIÓN)	244
PROTEÍNAS	2,6 g
GRASA TOTAL	8,3 g
GRASAS SATURADAS	7 g
HIDRATOS DE CARBONO	42,2 g
FIBRA DIETÉTICA	1,6 g
AZÚCARES	26,1 g
VITAMINAS	C

1 Precaliente el horno a 180 °C.

2 Para la base de galleta, mezcle el aceite o la mantequilla, la harina y el azúcar con un tenedor o los dedos. Unte un molde para tarta de 23 cm con esta pasta, presionando bien. Pinche unos cuantos agujeros con un tenedor. Hornee 12 minutos, luego retire del horno y deje templar.

3 Para el relleno, coloque el ruibarbo, las pencas y el azúcar en una cazuela. Deje cocer a fuego medio alto durante 10 minutos, hasta que la verdura se ablande pero no pierda la forma.

4 Retire del fuego e incorpore la harina y la maicena hasta que no queden grumos. Vierta este preparado sobre la masa de galleta y hornee 20 minutos, hasta que el relleno adquiera consistencia. Deje templar y sirva con una bola generosa de helado de leche de coco.

«PERAS» DE CHAYOTE AL VINO

6 raciones / sin gluten

Este postre perfumará su hogar con un aroma festivo e invernal. Y no hay nada más festivo que incorporar canela, clavo de olor ¡y una botella entera de vino al postre!

Prep.: 5 min | Cocción: 40 min

3 chayotes
1 botella de vino tinto
250 g de azúcar de caña sin refinar
2 ramas de canela
2 clavos
helado de vainilla no lácteo para servir

1 Pele los chayotes. Pártalos en cuartos a lo largo y retire la semilla.

2 Mezcle el vino con el azúcar en un cazo mediano. Caliente a fuego medio alto y remueva hasta que el azúcar se disuelva. Añada el resto de ingredientes, baje el fuego y deje cocer hasta que los chayotes queden tiernos, unos 30 minutos.

3 Con cuidado, retire los chayotes con una espumadera. Siga cociendo el vino hasta que haya quedado reducido aproximadamente a 250 ml de almíbar dulce de vino.

4 Para servir, emplate cada chayote con una bola de helado de vainilla no lácteo y rocíelo con el almíbar.

CALORÍAS (POR RACIÓN)	288
PROTEÍNAS	1 g
GRASA TOTAL	0 g
GRASAS SATURADAS	0 g
HIDRATOS DE CARBONO	51,8 g
FIBRA DIETÉTICA	1,5 g
AZÚCARES	42,7 g
VITAMINAS	C

INFUSIÓN DE SALVIA Y LAVANDA

1 ración | sin gluten

Una infusión de hierbas frescas resulta ideal para acompañar cualquiera de estos pasteles. La salvia es conocida por su efecto tranquilizante, y la lavanda por sus cualidades relajantes: una tacita de bienestar celestial esperando que la recojan en su jardín.

Prep.: 5 min | Cocción: 10 min

10 hojas de salvia frescas
1 cucharadita de hojas de lavanda frescas
375 ml de agua hirviendo
sirope de agave o jarabe de arce para endulzar

(véase imagen, delante)

1 Deposite las hojas de salvia y lavanda en una taza y vierta encima el agua hirviendo. Cubra con un plato para que la infusión no se enfríe mientras reposa durante 10 minutos. Si lo desea, puede endulzarla a su gusto con agave o jarabe de arce.

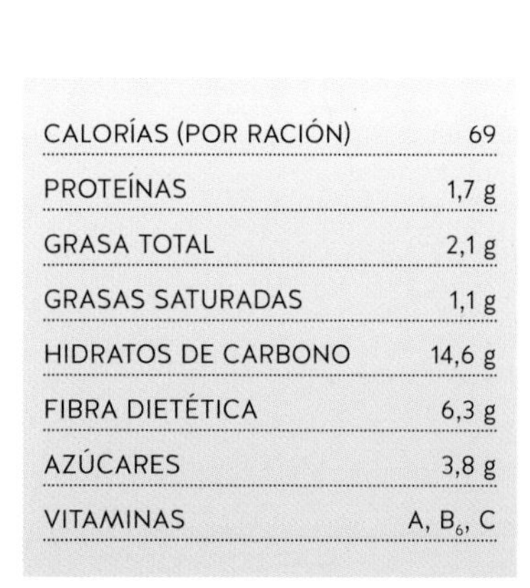

CALORÍAS (POR RACIÓN)	69
PROTEÍNAS	1,7 g
GRASA TOTAL	2,1 g
GRASAS SATURADAS	1,1 g
HIDRATOS DE CARBONO	14,6 g
FIBRA DIETÉTICA	6,3 g
AZÚCARES	3,8 g
VITAMINAS	A, B_6, C

CÓCTEL MIMOSA CON DIENTE DE LEÓN

6 raciones / sin gluten

Un trago dulce como punto final de una comida cuando se celebra algo, o cuando simplemente no hay sitio para el postre. Estos cócteles mimosa resultan especialmente delicados con una flor de diente de león –pero sólo si es una que ha recogido de su jardín biológico.

Prep.: 5 min | Cocción: 15 min

25 g de hojas de diente de león
100 g de azúcar de caña sin refinar
125 ml de agua
750 ml de zumo de pomelo
750 ml de vino espumoso *(véase imagen, página anterior, detrás)*

1 Corte las hojas en trozos de 2,5 a 4 cm y resérvelas.

2 Para preparar el sirope básico con infusión de diente de león, mezcle el azúcar con el agua en un cazo pequeño y caliéntelo a fuego medio bajo, removiendo hasta que el azúcar se disuelva. Agregue las hojas de diente de león al cazo y sumérjalas con una espátula. Baje el fuego y deje cocer 10 minutos, removiendo de vez en cuando. Retire del fuego y cuele la infusión en un vaso. Deje templar antes de prepararla.

3 Vierta una cucharada del sirope de diente de león en cada copa. Añada 125 ml de zumo de pomelo y remueva con cuidado. Acabe de llenar las copas con 125 ml de vino espumoso y sirva. Guarde el sirope sobrante en un tarro tapado, se conserva varias semanas en la nevera.

CALORÍAS (POR RACIÓN)	151
PROTEÍNAS	0,8 g
GRASA TOTAL	0,1 g
GRASAS SATURADAS	0 g
HIDRATOS DE CARBONO	27,3 g
FIBRA DIETÉTICA	1,4 g
AZÚCARES	24,7 g
VITAMINAS	A, C

ÍNDICE

AGRADECIMIENTOS

Mi más sincero agradecimiento a todos los que han colaborado conmigo en *Greens*. A Sarah Bloxham, Sam Kennedy, Lucy Parissi, Sorrel Wood, Kerry Enzor y todo el equipo de Quantum, y a Matthew Lore, Anne Rumberger, Sasha Tropp, Sarah Schneider y Karen Giangreco de The Experiment por las innumerables horas de trabajo, por creer en mí, y por hacer este sueño realidad. Un agradecimiento especial para mi editora Rachel Malig por el esfuerzo y la visión positiva de las cosas, y por estar siempre disponible para responder a mi incesante flujo de preguntas. A Jackie Sobon, gracias por las maravillosas fotografías que han dado vida a este libro y lo han convertido en una obra de arte.

A mi madre y a mi padre, gracias por educarme en el amor por la alimentación y por sentarnos juntos a cenar cada día mientras crecía. Y a mis hermanos James y Patrick por su apoyo y por las comidas compartidas que hemos preparado juntos a lo largo de los años.

A mis degustadores de comida de domingo, Jan y Shirley, gracias por permitirme cocinar para vosotros y por ofrecerme siempre vuestra sincera opinión. A Sandi Ackoyd, gracias por tu apoyo, motivación y amistad. Y a mis amigos y familiares: gracias por animarme durante el proceso de redacción de este libro y por hacerlo siempre.

A mis increíbles colaboradoras que han sudado en sus cocinas para pulir mis recetas: Sara Ray, Laura Thompson, Kelly Henderson, Stephanie McCaslin, Melissa Rosvold, Suzanne Poldon, Heather Tigert, Stephanie Lindsay, Maud Pryor, Kyleigh Rapanos, Sarina Wheeler, Michelle Thiele, Tamara Gagnon, Tara Hamilton, Nichelle Nicholes, Justine Villeneuve y Mary Ambrosino. Sois las mejores. Y a la siempre amable Kristy Turner, gracias por orientarme durante el proceso de pruebas.

Y sobre todo, a mis chicos. Woodrow, gracias por tu risa contagiosa y por enseñarme lo mucho que soy capaz de amar. Y a Mark, gracias por tu cariño y compañerismo, tu apoyo inquebrantable, las interminables horas fregando platos y por decirme que te gustan mis platos más que los de nadie (y decirlo de veras).

JESSICA NADEL es autora del popular blog *Cupcakes and Kale*. Es una apasionada de la comida saludable, de los alimentos de proximidad y vegetarianos, pero opina que en una dieta compuesta por platos sabrosos y nutritivos también hay lugar para una o dos magdalenas. Es propietaria y pastelera de Oh My Bakeshop, panadería artesanal naturalista y orgánica especializada en productos veganos por encargo. Vive en Ontario, Canadá.